Rose Götte

Zuwendung und Anregung

Edition Sozial

Rose Götte

Zuwendung und Anregung

333 erprobte Vorschläge für die Beschäftigung von Menschen mit Demenz

Die Autorin

Dr. Rose Götte, studierte Germanistik, Pädagogik und Philosophie. Sie war ab 1972 am Zentrum für empirische pädagogische Forschung der Universität Landau tätig. Von 1979 bis 1987 gehörte sie dem rheinland-pfälzischen Landtag und dem Deutschen Bundestag an, 1991 bis 2001 war sie Ministerin in Rheinland-Pfalz zunächst für das Ressort Bildung und Kultur, danach für Kultur, Jugend, Familien und Frauen. Seitdem widmet sie sich in Theorie und Praxis dem Thema Demenz.

Dieses Buch ist erhältlich als:
ISBN 978-3-7799-3164-5 Print
ISBN 978-3-7799-4517-8 E-Book (PDF)

1. Auflage 2017

in der Verlagsgruppe Beltz · Weinheim Basel
Werderstraße 10, 69469 Weinheim

Herstellung und Satz: Ulrike Poppel
Druck und Bindung: Beltz Bad Langensalza GmbH, Bad Langensalza
Printed in Germany

Weitere Informationen zu unseren Autoren und Titeln finden Sie unter: www.beltz.de

Zu diesem Buch

Meine Mutter erkrankte an Alzheimer. Nach ihrem Tod beschloss ich, eine Tagesstätte zu gründen, die für Menschen mit Demenz ein Ort sein sollte, an dem sie sich wohlfühlen, weil sie die nötige Zuwendung und Anregung erfahren.

Die übliche „Tagespflege" in Heimen entsprach nicht diesem Konzept.

Ich suchte nach Mitstreitern und fand Altenpflegerinnen, Erzieherinnen, Lehrer und Lehrerinnen, Krankenschwestern und eine Ergotherapeutin, die sich für die Idee einer möglichst optimalen Betreuung von Menschen mit Demenz begeisterten. Wir entwickelten ein Konzept, ließen uns schulen, gründeten einen Verein, suchten passende Räume und Geldgeber. Beim Deutschen Roten Kreuz in Kaiserslautern konnten wir eine Wohnung mieten. Das Land Rheinland-Pfalz half uns mit einer Anschubfinanzierung, Stadt und Landkreis Kaiserslautern unterstützten uns mit Rat und Tat, sodass wir planen und Möbel, Geschirr, Besteck, Küchengeräte, Musikinstrumente und Spiele kaufen konnten.

Am 2. Januar 2008 wurde unsere Tagesstätte eröffnet. Zwei hauptamtlich angestellte Fachkräfte und 20 geschulte ehrenamtlich Aktive, die jeweils an einem Vor- oder Nachmittag pro Woche Dienst tun, bemühen sich um fünf Gruppen mit jeweils sieben Gästen: Es gibt die Montagsgruppe mit den Montagsbetreuern, die Dienstagsgruppe mit den Dienstagsbetreuern usw. bis Freitag. Schnell waren alle Plätze für Tagesgäste besetzt.

An unzähligen Beispielen konnten wir erleben, wie Zuwendung und Anregung unseren Gästen wohl taten, sie belebten und erfreuten. Für die meisten bedeutet der Besuch unserer Tagesstätte eine Steigerung von Lebensqualität.

Viele Patienten, die zunächst verkrampft und voller Angst unsere Tagesstätte betraten, kamen beim zweiten oder dritten Besuch mit Freude. Es gab natürlich auch Fälle, wo der Widerstand gegen eine außerfamiliäre Betreuung blieb, aber das waren die Ausnahmen. Oft konnte herausforderndes Verhalten besänftigt oder beseitigt, Apathie überwunden, Fröhlichkeit verbreitet werden.

Unser wichtigstes Ziel war, unsere Tagesgäste nicht mit ihren Defiziten zu konfrontieren, sondern ihnen Erfolgserlebnisse zu vermitteln. Das ist nur möglich, wenn Beschäftigungsvorschläge individuell variiert werden.

Die in diesem Buch vorgeschlagenen Aktionen sind deshalb mit

(C) sehr leicht
(B) leicht
(A) etwas schwieriger

gekennzeichnet. Welcher Schwierigkeitsgrad gewählt wird, hängt natürlich auch davon ab, wie viel Hilfeleistung geleistet wird. Im Laufe der 9 Jahre, in denen unsere Tagesstätte existiert, sind viele gute Ideen zusammen gekommen, die ich gern weitergeben möchte an Altersheime, Tagesstätten und Familien, die Menschen mit Demenz betreuen. Wer sich um die Patienten bemüht, wird erleben, dass er nicht nur gibt, sondern auch sehr viel zurückbekommt. Einen angeblich stummen Menschen beim Singen mit Text zu erleben, ist wie ein Geschenk und macht froh.

Ich danke für gute Ideen und verlässliches Engagement den Mitarbeiterinnnen und Mitarbeitern unserer Tagesstätte:

Helga Bäcker, Helga Barie, Mary Bock, Hildegard Bohn, Manuela Boos, Regina Brokötter, Bärbel Burkard, Bernhard Clessienne, Hermann Denzer, Helga Doll, Elke Eschmann, Jana Eschmann, Winfried Eschmann, Heike Friedenberger, Klaus Götte, Anita Graf, Leonore Grunert, Margot Halberstadt, Bärbel Hilmer, Heinz Hoffmann, Gabriele Huber, Irmgard Jacob, Christa Jäger, Sieglinde Kahnert, Monika Keller, Lisa Kelley, Margot Kothe. Anneliese Krämer, Dagmar Laub, Biggi Lechner, Karin Mansel-Ballier, Rosita Meyer, Heidrun Renk, Karla Rivera-Zuniga, Hilde Rogel, Roswitha Stripf, Sybille Zimmermann.

Rose Götte

Inhalt

Die Material-Grundausstattung für die Beschäftigung von Menschen mit Demenz

1 Käufliches Material

1.1 Unentbehrlich

Für unentbehrlich halten wir:

- Bälle und Luftballons
- Papier, Farbstifte, Pinsel, Klebstoff, Schere
- Würfel
- Das Spiel „Elfer raus“
- Das Spiel „Scrabble“
- Das Spiel „Mensch ärgere dich nicht“
- Musik auf CD oder Kassette zum Tanzen und für Gymnastik
- Rhythmusinstrumente
- Texte zum Vorlesen

1.2 Wünschenswert

- Bunte Bauklötze (nicht zu wenig)
- Das Spiel „Rummy“
- Das Spiel „Uno“
- Das Kartenspiel „Canasta/Romee“
- Ein Würfelbecher für Jeden
- Puzzles
- Mandalas zum Ausmalen
- Häkelnadel und Garn, Stricknadeln und Wolle
- Laminiergerät und Folien

1.3 Nicht unbedingt nötig, aber zu empfehlen

- Krocket
- Lottospiele
- Memory
- Foto und Präsentation der Bilder intern
- Vertellekes (Rate- und Aktionsspiel) von Petra Fiedler und Uli Hohlmann. Vincentz-Verlag Hannover
- Tiroler Roulett, Bookmark Verlag Meckenheim
- Gemüsekiste. Bildkarten Wehrfritz Bad Rodach (Nr 131826)
- Damals. Bildkarten. Wehrfritz Bad Rodach (Nr. 147991)
- Figuren (Frösche) zum Schnipsen
- Klebepistole mit Heißkleber

2 Selbst gebastelt

Einen Großteil der bei uns immer wieder eingesetzten Materialien für kognitives Training oder Feinmotorik haben wir selbst gebastelt, natürlich unter Mitarbeit der betreuten Personen:

Beispiele:

- Bildkarten zum Wortschatztraining
- Sprichwörter-Teile laminiert
- Zielhafen
- Riechfläschchen
- Klapperdöschen
- Tast-Brettchen
- Säckchen für Kimspiele
- Puzzles
- Kravattenspiel am Rosenmontag
- Kartoffelstempel
- Glücksrad
- Drehscheibe mit Buchstaben
- Baupläne für Bauten aus Bauklötzen
- Dünne Bambusstäbe als Rhythmusinstrument
- Ein Karton voller bunter Söckchen
- Ein Korb voller Gästehandtücher
- Eine kleine Schublade voller „Kruscht“

Die Aktionen

1 Bälle, Kegel, Ringe

Viele Menschen, die wegen ihrer Demenz Schwierigkeiten haben, kognitive Aufgaben zu erfüllen, haben keine Defizite, wenn es um das Werfen und Fangen geht. Gerade deshalb sind Ballspiele wichtig bei dem Bemühen, Erfolgserlebnisse und gute Laune zu vermitteln. Weiche Bälle sind besonders empfehlenswert.

Absolut unentbehrlich sind aufgeblasene Luftballons. Sie fliegen langsam, können nicht verletzen, machen keine Angst.

1.1 Luftballon darf nicht den Boden berühren (A, B, C)[1]

Alle sitzen im Kreis. Der Luftballon wird hin- und her bewegt, dabei können auch Köpfe und Füße mitspielen, Hauptsache, er berührt nicht den Boden.

1.2 Schaumstoffbälle (Handballgröße) (A, B, C)

Jeder bekommt einen Ball zur Gymnastik:

- Ball hochwerfen und mit beiden Händen fangen,
- nur mit einer Hand fangen,
- Ball hinter dem Rücken, unter dem Oberschenkel durchgeben
- Ball mit beiden Handflächen vor der Brust drücken
- Ball mit einer Hand auf ein Knie drücken, Hand und Knie wechseln
- Ball mit den Fingerspitzen der rechten Hand auf dem ausgestreckten linken Arm bis zum Hals und zurück rollen. Seiten wechseln.
- Ball zwischen die Knie legen und zusammendrücken …

---

1 (C) sehr leicht (B) leicht (A) etwas schwieriger

1.3 Werfen und Antworten (A)

Der Spielleiter steht in der Mitte des Stuhlkreises, nennt einen Oberbegriff wie z.B. „ein Tier (ein Fahrzeug, eine Farbe, einen Namen, Besteck…)" und wirft den Ball jemandem zu, der beim Zurückwerfen des Balles ein Wort sagt, z.B. „Katze (Auto, rot, Peter, Gabel…)".

1.4 Zuwerfen mit Namen (A, B)

Sich die (Vor-)Namen von Mitpatienten zu merken, ist für Menschen mit Demenz sehr schwer. Wenn aber der Spielleiter sagt, wohin der Ball fliegen soll, und dabei den Namen nennt, funktioniert es meistens, insbesondere, wenn die Aktion mit Handzeichen verbunden wird. „Von Alfred zu Käthe! … Von Käthe zu Lissy …"

1.5 Korbball (A, B, C)

Der Ball soll in einen Waschkorb, der in einigen Metern Entfernung aufgestellt ist, fliegen.

1.6 Kleine Bälle auf dem Tisch (A, B, C)

Kleine, weiche Bälle eignen sich sehr gut für feinmotorische Übungen:

- Bälle in den Händen drehen wie Knödel,
- Bälle in der Faust zusammendrücken,
- Bälle mit flachen Händen auf dem Tisch wie eine Teigwurst rollen.
- Auf dem Tisch liegende Bälle umzäunen, indem alle ihre Unterarme auf den Tisch legen als Begrenzung, dabei mit Händen oder Ellenbogen die ankommenden Bälle zurück schubsen, sodass kein Ball vom Tisch fällt.
- Bälle halten mit Daumen und Zeigefinger, Daumen und Mittelfinger, Daumen und Ringfinger, Daumen und Kleiner Finger.
- Einzelne Bälle jeweils dem rechten, dann dem linken Nachbarn weitergeben.
- Eine Hand auf den Rücken legen, mit der anderen einen ankommenden Ball greifen und nach rechts weitergeben.
- Hände und Richtung wechseln.

1.7 Schaumstoffwürfel und Ballgymnastik im Stuhlkreis (A, B, C)

Wir haben die Erfahrung gemacht, dass ein Patient, der nicht mehr werfen und fangen kann, sehr wohl aber einen Schaumstoffwürfel fallen lassen kann und so in das Geschehen einbezogen ist.

Einer denkt sich eine Übung aus (Ball hochwerfen und fangen, Ball von der linken in die rechte Hand fliegen lassen, Ball unter dem Oberschenkel durch heben, Ball mit flachen Händen drücken, Ball mit beiden Händen vor den Bauch und hinter den Kopf heben …)

Ein anderer wirft den Schaumstoffwürfel, der anzeigt, wie oft die vorgeschlagene Übung wiederholt werden muss.

2 Zielen

Oft erlebt man, dass Menschen mit Demenz, die im kognitiven Bereich große Defizite haben, beim Werfen, Fangen und Zielen dagegen sehr geschickt sind. Das gilt es zu nutzen und zu würdigen.

2.1 Turm umstoßen (A-C)

Auf dem Tisch werden 3 Party-Plastikbecher aufeinander gestellt. Mit kleinen Bällen umstoßen!

Noch spannender wird das Spiel, wenn einer 10 Becher stapelt, die ein anderer (nach Anfrage!) umwerfen darf. (Achtung: Nicht schon die halbfertige Wand umwerfen, sonst gibt das Ärger)

2.2 Garagenfahrt (A, B, C)

In eine Seite eines nach unten offenen Schuhkartons wird ein „Garagentor“ geschnitten. Kleine Autos werden nun aus einer gewissen Entfernung in die Garage geschubst.

2.3 Froschhüpfen (A, B, C)

Kleine Frösche in eine Plastikschüssel springen lassen oder runde Plastikplättchen durch Anschnippsen über eine Ziellinie befördern (Flohhüpfspiel).

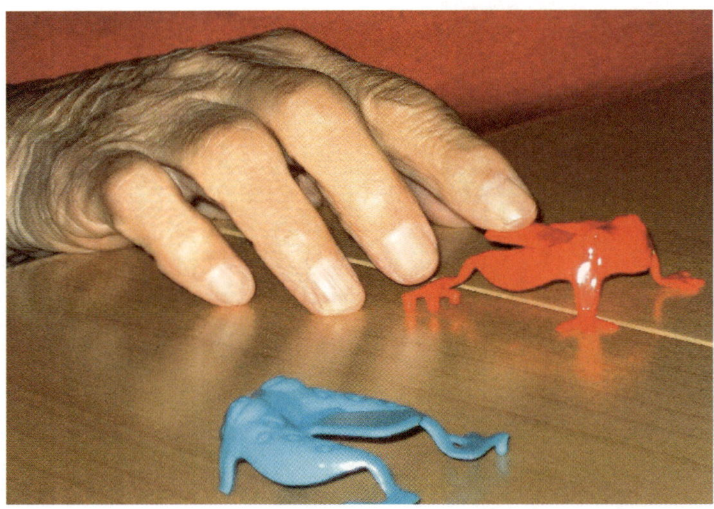

2.4 Murmeln auf dem Tischtuch (A, B, C)

Eine Tischdecke wird auf den Tisch gelegt und an den Seitenrändern so gefaltet, dass die Murmeln nicht auf den Boden rollen. Ein Karton ohne Deckel wird auf die Seite gelegt und ist das Tor. Jeder hat 5 Versuche, um eine Murmel in den Karton zu befördern, der jeweils so gestellt wird, dass das Ziel erreicht wird.

2.5 Tor schießen (A, B, C)

Über einen Stuhl mit Armlehnen wird ein großes Tuch gelegt. Das ist das Tor. Nun soll mit weichen Bällen das Tor getroffen werden.

Jeder hat drei Versuche. „Tor!“ rufen, wenn der Ball sein Ziel berührt hat.

2.6 Zielwerfen im Freien (A, B, C)

Die Spieler sitzen in einer Reihe. Nun soll Naturmaterial (Tannenzapfen, Eicheln, Kastanien, kleine Steine...) in einen Korb oder Eimer geworfen werden. (Vorsicht: Keiner darf hinter oder neben dem Behälter sitzen, damit er nicht getroffen wird)

2.7 Zielwerfen mit Ringen (A, B, C)

Ringe (Plastikringe oder selbstgebastelte Ringe aus Peddigrohr) auf ein Gestell werfen (Gibt es als Plastik- oder Holzgestell zu kaufen), oder man steckt einen kurzen Stock in einen Topf mit Sand, der die Ringe „auffängt“.

2.8 Kegeln mit Plastikflaschen (A, B, C)

3-5 zugeschraubte Plastikflaschen mit wenig Inhalt werden in einiger Entfernung vom Startplatz aufgestellt. Ein harter Ball wird gerollt und die Zahl der umgefallenen Flaschen wird notiert.

2.9 Krocket (A)

Für dieses Spiel werden Holzhämmer mit langen Stielen, Tore aus gebogenem Draht und Holzkugeln benötigt.

Es geht darum, eine Holzkugel durch die Tore hindurch bis zu einem Ziel zu bewegen und dabei möglichst wenige Schläge zu benötigen.

2.10 Finger treffen (A, B)

Augen schließen. Arme seitlich ausstrecken, dann die Zeigefinger zueinander führen. Die gleiche Übung mit den anderen Fingern versuchen.

3 Bauklötze, möglichst bunt

Die Sorge, bunte Bauklötze könnten als „kindisch" abgelehnt werden, hat sich bei uns als unbegründet erwiesen. Die Mitspieler werden als Architekten angesprochen, die Bauklötze werden als Baumaterial präsentiert. Um unangenehmen Lärm zu vermeiden, empfiehlt es sich, die Klötze auf einem Tuch auszuschütten.

3.1 Etwas Schönes bauen (A, B, C)

Alle Klötze liegen auf dem Tisch. Jeder versucht ein Tor/einen Turm/ein Haus/etwas Schönes zu bauen. Bauwerke benennen und bewundern.

3.2 Baupläne erstellen und nachbauen (A, B)

Einfache Bauwerke aus verschieden Bauklötzen werden fotografiert. Die Fotos laminieren und verteilen. Nun soll genau das Bauwerk nachgebaut werden, das auf dem Bauplan zu sehen ist.

3.3 Stadt der farbigen Häuser (A, B, C)

Jeder wählt sich eine Farbe und soll nun viele Klötze dieser Farbe aussuchen, aus denen er ein einfarbiges Bauwerk erstellt.

Das Gesamtergebnis aller Baumeister ist dann die Stadt der farbigen Türme und Häuser. Vielleicht fotografieren?

3.4 Klötze gewinnen (A, B)

Alle bunten Steine liegen in der Mitte des Tisches. Reihum wird mit einem Farbwürfel und zwei Punktewürfeln gewürfelt, dann werden entsprechend viele Steine der gewürfelten Farbe genommen. Nach der 2. Runde baut jeder etwas mit den gewonnenen Steinen.

Fantasienamen für die Bauwerke erfinden (Hochhaus, Haremspalast, moderne Kirche…)

Vereinfacht spielt man mit nur einem Würfel und sucht sich die entsprechende Zahl an Klötzen beliebiger Farbe aus. In diesem Fall drei bis vier Runden spielen.

3.5 Klötze loswerden (A, B)

Jeder Teilnehmer bekommt 2 rote, 2 blaue, 2 grüne, 2 gelbe Bauklötze. Reihum wird mit einem Farbwürfel gewürfelt. Jeder gibt einen Klotz in der gewürfelten Farbe ab. Bei der Würfelfarbe weiß hat der Spieler freie Farbenwahl. Bei der Würfelfarbe lila darf kein Stein abgegeben werden. Wer zuerst seine Steine losgeworden ist, hat gewonnen.

4 Würfelspiele

Würfel sind in jeder Form hilfreich für die Arbeit mit Demenzpatienten:

Würfel mit Augen von 1-6, Würfel mit Augen von 1-3, Farbwürfel, große Würfel aus Schaumstoff. Bei der Verwendung von größeren Holzwürfeln dämmt eine Decke auf dem Tisch unnötigen Lärm.

4.1 Mensch-ärgere-dich-nicht (A)

Dieses Brettspiel haben die meisten Menschen schon in der Kindheit und Jugend gespielt. Auch viele Menschen mit Demenz beherrschen das Spiel noch und haben Freude daran. Es gibt das Spiel im Handel auch in Großformat mit gut greifbaren Figuren.

Wenn die Dauer des Spieles manche Spieler überfordert, kann man es abkürzen, indem man statt mit vier nur mit jeweils drei oder zwei Figuren spielt.

4.2 Vorhersagen (A, B)

Reihum wird gewürfelt. Aber vor dem Würfeln muss man „orakeln“, welche Augenzahl man würfeln wird. Trifft die Vorhersage zu, bekommt der Spieler einen Gewinnpunkt.

Trifft die Vorhersage nicht zu, wird der Würfel einfach weiter gegeben.

4.3 Das etwas andere Kniffelspiel (A)

Benötigt wird ein Würfelbecher mit 3 Würfeln und für jeden Mitspieler ein Blatt, um die Punkte zu notieren. In jeder Zeile darf nur einmal eine Punktezahl notiert werden. Reihum wird gewürfelt. Der Spieler muss nun entscheiden, wie er die gewürfelten Punkte wertet. Im ersten Feld zählen nur die Einser, im zweiten Feld nur die Zweier usw. Für eine Zahlenfolge gibt es 20, für drei Gleiche 30 Punkte.

	Spiel 1	Spiel 2	Spiel 3
⚀ nur Einser			
⚁			
⚂			
⚃			
⚄			
⚅			
Folge (z.B. 1,2,3) 20 Punkte			
PUSH (3 Gleiche) 30 Punkte			
Punkte zusammen:			

Hat er z. B. 2, 4, 4 gewürfelt, wird er sich für das Vierer-Feld entscheiden, sofern es noch frei ist, und kann 8 Punkte notieren.

Hat er eine Folge gewürfelt, z. B. 3,4,5, notiert er in der 7. Zeile 20 Punkte. Hat er drei gleiche Seiten gewürfelt, notiert er in der 8. Zeile 30 Punkte.

Das abgedruckte „Kniffelblatt“ reicht für 3 Spiele pro Person.

4.4 Erinnert an Kniffel (B, C)

Jeder Spieler bekommt ein Blatt, auf dem in sechs Quadraten die Seiten eines Würfels zu sehen sind, und einen Stift. Reihum wird gewürfelt. Die gewürfelte Augenzahl gibt an, welches Quadrat durchgestrichen wird. Ist das passende Quadrat bereits gestrichen, wird der Würfel ohne Aktion weitergegeben. Ab der 4. Runde darf jeder zweimal würfeln, ab der 5. Runde dreimal. Sieger ist, wer zuerst alle aufgemalten Würfelbilder durchstreichen konnte.

4.5 Kniffel-Variation: Summe berechnen (A)

Jeder Spieler bekommt ein Blatt mit den Zahlenfeldern 2-12.

Reihum wird mit 2 Würfeln gewürfelt. Die Augenzahl wird addiert und die Summe auf dem Zahlenfeld durchgestrichen. Ist das entsprechende Feld bereits gestrichen, wird der Würfel ohne Aktion weitergegeben. Wer zuerst alle Felder durchgestrichen hat, hat gewonnen. (A)

2	3	4	5	6	7	8	9	10	11	12

4.6 Spielbank (A, B)

Ein Tisch wird mit einer grünen oder schwarzen Decke zum Spieltisch. Wir brauchen für jeden Mitspieler einen Würfelbecher mit zwei Würfeln, außerdem einen Stapel „Chips“ für den Spielleiter.

Auf das Kommando „Schüttel! Schüttel! Zack!“ werden alle Würfelbecher gleichzeitig geschüttelt, gestürzt und hochgehoben. Die gewürfelten Augenzahlen werden addiert. Wer die höchste Zahl hat, bekommt einen Chip, der natürlich „tausend Euro“ wert ist. Weiter geht's:

„Neues Spiel- neues Glück!“

Haben zwei Mitspieler die gleiche Augenzahl gewürfelt, gibt es eine Stichwahl zwischen den beiden.

Sind alle Chips ausgegeben, wird reihum gefragt, was der Gewinner mit seinen drei-, vier- oder fünftausend Euro machen will.

4.7 Kleine Rechenaufgaben (A)

Jeder Spieler bekommt fünf Würfel und soll sie so drehen, dass sich beim Zusammenrechnen der Augen

a) eine vorgegebene Summe (Zahl zwischen 5 und 30)ergibt.

b) Auf drei verschiedene Arten soll die Summe 5 gelegt werden → (2+3, 4+1, 5)

4.8 Bild würfeln (A, B)

In der Mitte des Tisches liegen viele kleine Papierstücke in den Farben eines Farbwürfels.

Reihum wird mit einem Farbwürfel und einem normalen Würfel gewürfelt. Man darf sich so viele Papierstücke nehmen, wie man in Anzahl und Farbe gewürfelt hat.

Nach einigen Runden bekommt jeder einen mit Tapetenleim dünn bestrichenen Karton und kann mit seinen gewonnenen Papierstücken ein „modernes“ Bild kleben, das z. B. als Deckblatt für eine Einladung verwendet werden kann.)

4.9 Teile loswerden (A, B, C)

Jeder Teilnehmer bekommt 10 Teile (Knöpfe, Scrabble-Steine oder Ähnliches). Reihum wird gewürfelt. Jeder darf so viele Teile abgeben, wie er gewürfelt hat. Wenn zum Schluss die gewürfelte Anzahl nicht mehr abgegeben werden kann, muss man den Würfel ohne Abgabe von Teilen einfach weitergeben. Sieger ist, wer zuerst alle Teile losgeworden ist.

4.10 Schatzsuche (A, B, C)

Der „Schatz“ könnte eine Postkarte im Umschlag sein, ein gebasteltes Lesezeichen, ein notiertes Kompliment, ein Foto …

Der Schatz ist aber unter 30 Steinchen (gibt es in jedem Baumarkt) begraben und kann erst gehoben werden, wenn alle Steine weg sind. Jeder hat einen verschütteten Schatz vor sich. Reihum wird gewürfelt. Man darf so viele Steine abräumen wie gewürfelt wurde. Wenn am Ende mehr Augen gewürfelt wurden als Steine auf dem Schatz liegen, darf zweimal gewürfelt werden. Führt auch das nicht zum Erfolg, muss der Würfel in dieser Runde ohne „Abräumen“ weitergegeben werden.

Den „Schatz“ darf man mit nach Hause nehmen.

5 Rummy

Das Spiel mit Rummysteinchen oder -blättchen ist immer auch eine feinmotorische Übung.

5.1 Rummy fast original (A)

Zur Einstimmung gemeinsam laut Dreierschritte zählen:

1-2-3 | 4-5-6 | 7-8-9 | 10-11-12 | 13-14-15

2-3-4 | 5-6-7 | 8-9-10 | 11-12-13

4-5-6 | 7-8-9 | 10-11-12 | 13-14-15

Jeder bekommt 12 Rummy-Steine und legt sie offen, nach Farben sortiert vor sich auf den Tisch. Die restlichen Steine liegen umgedreht in der Tischmitte.

Wer mindestens drei hintereinander folgende Zahlen der gleichen Farbe hat, legt sie gleich auf die Seite. Sie sind „gesichert". Auch mindestens drei Steine mit gleicher Zahl, aber unterschiedlichen Farben sind „gesichert". Joker ersetzen jede beliebige Zahl. Weitere passende Steine können im Laufe des Spiels an die Dreiergruppe angelegt werden und sind damit ebenfalls „gesichert".

Nun beginnt ein Spieler, indem er einen Stein aus der Mitte nimmt und überprüft, ob er ihn gebrauchen kann. Danach muss er einen Stein seinem linken Nachbarn abgeben.

Der entscheidet, ob er den soeben vom Nachbarn bekommenen Stein behalten will oder nicht. Kann er ihn nicht gebrauchen, dreht er ihn um, schiebt ihn zu den verdeckten und nimmt sich einen anderen Stein. Passt der zu zwei vorhandenen Steinen, kann er die Dreiergruppe gleichablegen. Nun muss er noch einen Stein an seinen linken Nachbarn abgeben. Wer zuerst alle Steine „gesichert" hat, hat gewonnen.

5.2 Rummy vereinfacht (A, B)

Bei dieser Variation spielen die Farben keine Rolle.

Es kommt nur darauf an, Dreierfolgen in beliebiger Farbe abzulegen. Auch hier können weitere Steine an die Dreiergruppe angelegt werden.

5.3 Mit Rummy rechnen (A)

Jeder bekommt ein Kärtchen mit einer zweistelligen Zahl und soll nun andere Kärtchen in beliebiger Farbe suchen, die addiert (Quersumme) die gleiche Zahl ergeben. Wie viele Variationen findet jemand zur Summe 13 heraus?

5.4 Zahlenreihe suchen (C)

Jeder bekommt 10 Steine mit den Zahlen 1-10 unsortiert und soll sie in die richtige Reihenfolge bringen.

6 Kartenspiele

6.1 Elfer raus (A)

Einstimmung: Gemeinsam zählen von 11 bis 20, rückwärts von 11 bis 1.

Die vier Elferkarten werden offen auf den Tisch gelegt. Die restlichen Karten werden gemischt. Jeder bekommt 7 Karten und legt sie offen, nach Farben geordnet, vor sich auf den Tisch.

Reihum wird versucht, eine (oder mehrere) Karten an die 11 anzulegen: zunächst also entweder 12 oder 10 in der passenden Farbe. Wer keine passende Anlegekarte hat, muss eine vom Stapel ziehen. Passt diese Karte, darf sie gleich abgelegt werden, muss aber nicht.

Sieger ist, wer zuerst alle seine Karten losgeworden ist. (A)

6.1.1 Elfer raus mit Anfrage (B, C)

Hilfestellung: Der Spielleiter, der ja sieht, welche Karten die Mitspieler vor sich liegen haben, fragt schwächere Mitspieler nach den passenden Karten: Haben Sie vielleicht … (eine grüne 8)?

6.1.2 Karten ordnen (B)

(4 Mitspieler)
Jeder sucht sich alle Karten einer Farbe aus und soll die Karten nach ihrer Wertigkeit sortiert auf den Tisch legen.

6.1.4 Sechs Richtige (C)

(1-10 Mitspieler)
Nur 6 Karten sollen sortiert werden. Jeder bekommt eine Sechserreihe unsortiert und soll Ordnung schaffen.

6.1.5 Reihen ergänzen (B, C)

(2-4 Mitspieler)
Jeder bekommt in einer Farbe aus der Gruppe 1-10 oder 11- 20 jeweils nur 7 oder 8 Karten. Alle anderen Karten liegen gemischt offen auf dem Tisch. Jeder ordnet nun seine Karten, sucht sich die fehlenden Karten in der passenden Farbe und ergänzt seine Reihe.

6.2 Schwarzer Peter (A)

(3-8 Mitspieler)
Bei diesem Spiel müssen die Karten von den Mitspielern auf der Hand gehalten werden, deshalb dürfen nicht zu viele Karten im Spiel sein.

Wir brauchen doppelt so viele Kartenpaare als Spieler am Tisch sitzen und die Schwarze-Peter-Karte. Vor Beginn des Spieles wird der Schwarze Peter gezeigt und unter die Karten gemischt.

Jeder bekommt vier Karten, einer hat fünf.

Alle nehmen ihre Karten auf die Hand. Wer ein Bildchen doppelt hat, kann das Kartenpaar sofort ablegen.

Wer beim Austeilen fünf Karten hatte, beginnt, indem er sich von seinem rechten Nachbarn eine Karte aus der Hand ziehen lässt.

Passt die gezogene Karte dem Nachbarn zu einer seiner Karten (gleiches Bildchen), kann er das Paar ablegen. Passt sie nicht, muss er sie auf der Hand behalten. Nun wird ihm von seinem rechten Partner eine Karte gezogen.

Wer alle Karten ablegen konnte, ist in Sicherheit, denn er ist dem Schwarzen Peter entkommen und scheidet aus.

Die anderen ziehen weiterhin reihum jeweils eine Karte vom linken Nachbarn, bis alle Kartenpaare abgelegt werden konnten. Nun ist der Schwarze Peter übrig geblieben. Wer ihn hat, bekommt ein Stückchen schwarze Schokolade oder einen schwarzen Strich auf die Nase.

6.3 UNO (A)

Von den Spielregeln des im Handel befindlichen Uno-Spieles sind vor allem zwei schwierig zu befolgen: Der Richtungswechsel und die Verpflichtung, „uno!" zu rufen, sobald man nur noch eine Karte auf der Hand hat. Setzt man diese beiden Regeln außer Kraft, kann das Spiel auch bei leichter Demenz Freude machen.

Also aussortieren: 8 Richtungswechsel-Karten (gekennzeichnet mit gegen einander laufenden Pfeilen), eventuell auch die 4 Zieh-Vier-Karten (gekennzeichnet mit + 4)

6.3.1 Uno ohne Richtungswechsel (A)

(2-8 Mitspieler)
Die für das Spiel vorgesehenen Karten werden gemischt. Jeder bekommt 7 Karten.

Er kann sie auf die Hand nehmen oder offen vor sich auf den Tisch legen. Die restlichen Karten liegen verdeckt auf dem Kartenstapel. Die oberste Karte wird aufgedeckt. Sie bildet den Ablagestapel. Reihum wird nun eine Karte auf den Ablagestapel gelegt, die jeweils zur obersten Karte auf dem Stapel passt, weil sie entweder die gleiche Farbe oder die gleiche Zahl aufweist.

Hat der Spieler, der an der Reihe ist, keine passende Karte, muss er sich eine vom verdeckten Stapel nehmen. Passt auch die nicht, muss er sie behalten.

Eine 4-Farben-Karte passt immer. Wer sie auf den Stapel legt, entscheidet, welche Farbe der Nachbar, der nach ihm an der Reihe ist, legen muss.

Wenn jemand eine Aussetzer-Karte (gekennzeichnet mit einem Balken im Kreis) in der passenden Farbe legt, muss der nächste Spieler einmal aussetzen.

Wenn jemand eine Zieh-2-Karte in der passenden Farbe legt, muss der Nächste 2 Karten ziehen und darf keine ablegen.

Sieger ist, wer zuerst alle Karten losgeworden ist.

6.3.2 UNO-Variation (B, C)

Von den 108 Spielkarten werden nur die 76 roten, blauen, grünen und gelben Zahlenkarten gebraucht, dazu die 8 Aussetzer-Karten (gekennzeichnet mit Balken im Kreis). Alle anderen Karten werden auf die Seite gelegt.

Die Spielregeln sind wie oben beschrieben. Bei schwächeren Mitspielern fragt der Spielleiter: Haben Sie vielleicht eine (grüne) Karte?

6.4 Doppelkopf/Canasta-Karten

Wer früher gern Skat oder Schafskopf gespielt hat, reagiert meistens positiv auf den Anblick solcher Karten.

6.4.1 Sortieren (A, B, C)

Alle Karten liegen mit Bild nach oben verstreut auf dem Tisch.

Jeder sucht sich ein eine Farbe (Herz, Kreuz, Pik oder Karo) aus und sammelt möglichst viele Karten mit diesem Symbol.

Sind nur 4 Spieler vorhanden, könnte anaschließend gleich das Spiel „Stiche machen“ in Angriff genommen werden, ohne dass die Karten noch einmal verteilt werden. Jeder mischt seine Karten und legt sie als verdeckten Stapel vor sich ab.

6.4.2 Stiche machen (A, B)

(2-4 Spieler)
Gebraucht wird ein doppeltes Kartenspiel, möglichst mit Joker. (Auch unvollständige Kartenspiele können verwendet werden.)

Einführung: An die Wertigkeit der Karten erinnern: As, König, Dame, Bube, 10, 9, 8, 7, 6, 5, 4, 3 ,2. Der Joker ist der höchste Wert.

Die Karten werden gleichmäßig unter die Spieler verteilt. Jeder hat einen Kartenstapel verdeckt vor sich liegen.

Auf das Kommando 1 – 2 – 3 ! deckt jeder die oberste Karte auf und legt sie in die Tischmitte. Wer die höchste Karte hat, bekommt den Stich. Ist die höchste Karte doppelt ausgelegt, bleiben die ausgespielten Karten liegen. Der Sieger der nächsten Runde bekommt auch die darunter liegenden Karten.

Wenn alle Karten aufgedeckt sind, werden die Stichkarten gezählt. Wer die höchste Zahl an Karten hat, ist Sieger.

6.4.3 Quartett mit Doppelkopf-Karten (A)

(3-4 Spieler)
Von allen vier Farben werden As, König, Dame, Bube, 10 ausgesucht. Gibt es nur 3 Mitspieler, fallen die Karten mit der Zahl 10 weg.

Zunächst erklären, was ein Quartett ist, indem man die entsprechenden Karten zeigt. Ziel ist, ein Quartett zu bekommen, indem man fehlende Karten bei einem Mitspieler einfordert. Ist ein Quartett komplett, wird es abgelegt.

Die Karten werden gemischt und verteilt. Jeder nimmt seine Karten auf die Hand. Wer das Herz As hat, beginnt, indem er von einem beliebigen Mitspieler eine bestimmte Karte fordert. Z.B. „Ich möchte von Erika einen Herz König." Hat der Angesprochene diese Karte, muss er sie dem Anfragenden geben. Hat er die gewünschte Karte nicht, darf er nun bei einem Mitspieler nach einer fehlenden Karte fragen. Wer keine Karten mehr auf der Hand hat, scheidet aus. Sieger ist, wer zuerst 2 Quartette gesammelt hat.

6.4.5 Canasta-Karten mit Zahlen als Memory (B, C)

(Alle am runden Tisch können mitspielen)
Das klassische Memory halte ich als Spiel für Demenzpatienten weniger geeignet, weil es so viele Misserfolge hervorbringt. Das Spiel ist jedoch erfolgversprechender, wenn jede Karte nicht zweimal, sondern viermal vorhanden ist. Dadurch erhöht sich die Trefferquote.

Von den Canasta-Karten werden die Zahlen 2-8 in den vier Farben ausgesucht, gemischt und verdeckt auf den Tisch gelegt. Der erste deckt eine Karte auf und versucht, die gleiche Zahl in beliebiger Farbe zu finden, indem er eine zweite Karte aufdeckt.

Hat er die richtige Karte gefunden, darf er das Paar behalten und weiter suchen. Hat er eine nicht passende Zahl aufgedeckt, müssen beide Karten verdeckt liegen bleiben und der nächste Spieler ist an der Reihe.

7 Glücksspiele

Glücksspiele haben den Vorteil, dass weder die Intelligenz noch die Geschicklichkeit darüber entscheidet, wer gewinnt. Alle haben die gleichen Chancen.

1. Bingo (A, B, C)

Zunächst müssen Bingokarten hergestellt werden: Von den Zahlen 1-13 werden jeweils 5 gut lesbar auf ein Blatt Papier geschrieben, aber so, dass kein Blatt genau die gleiche Zahlengruppe enthält wie ein anderes, z.B.

2- 4- 6- 8- 10 | 4- 5- 6- 8- 13 | 3- 5- 7- 9- 11
1- 5- 8- 9- 12 | 1- 4- 6- 9- 12 | 2- 5- 7- 10 - 11
3- 5- 8- 10 - 13 | 4- 6- 7- 11 - 12

Die Bingokarten werden verdeckt angeboten. Jeder zieht eine Karte und nimmt sich einen Stift.

In einem Säckchen oder Körbchen liegen Lose (gefaltete Zettel) mit den Zahlen 1-13. Reihum wird ein Los gezogen und die Zahl laut verkündet. Wer die Zahl auf seiner Bingokarte entdeckt, streicht sie durch. Nun wird das nächste Los gezogen.

Wer alle Zahlen durchgestrichen hat, ruft „Bingo!" und ist erster Sieger.

2. Glücksrad (A, B, C)

Wir brauchen: 2 Kartons, 1 Stecknadel, 1 flache Perle.

Aus den Kartons eine Scheibe in Untertassengröße, eine Scheibe in Desserttellergröße ausschneiden. Um den Mittelpunkt der Scheiben leicht zu finden, kann man die gleichen Scheiben auch aus Papier ausschneiden, zweimal falten, auf die Kartonscheiben legen und den Mittelpunkt markieren. Die größere Kartonscheibe wie eine Torte markieren und bemalen, am Rand die „Tortenstücke" beschriften, z.B.

+3, +2, +1, 0, -1, -2, -3.

Die kleinere Scheibe bemalen und einen dicken Pfeil einzeichnen.

Eine Stecknadel durch den Mittelpunkt der kleinen Scheibe, durch eine Perle und durch die größere Scheibe auf eine Unterlage (am besten aus Kork) stecken. Nun müssen nur noch die Gewinne für die „Bank" bereitgestellt werden. (Knöpfe, Steinchen, Blättchen). Besonders spannend wird es, wenn man mit Cents spielt.

Jeder startet mit einem Kapital von 3 Knöpfen (Plättchen, Steinen, Cents ...)

Die kleine Scheibe wird an ihrer Außenseite in Bewegung gesetzt. Das Schicksal entscheidet, wo sie anhält und wohin der schwarze Pfeil zeigt.

3. Lotterie (A, B, C)

Eine Lotterie gehört zu jedem Fest. Die Gewinne werden schon vorher präsentiert und nummeriert.

Zwei Trinkhalme werden in 2cm lange Stücke geschnitten. Kleine Zettel mit Zahlen und einige leere Zettel (Nieten) werden gerollt und in die Halmstücke geschoben.

Jeder zieht 1-2 Lose und rollt sie auf. Die Gewinne (Ein größerer Gewinn und viele kleine wie z.B. Süßigkeiten, Bastelarbeiten, Postkarten ...) sind mit den gleichen Nummern versehen, die auf den Losen notiert sind.

4. Lotto mit Würfel (A, B, C)

Ein Würfel geht von Person zu Person. Ehe man würfelt, muss man eine Zahl von 1-6 nennen. Wird diese Augenzahl gewürfelt, gibt es eine Gewinnmarke. Liegt man falsch, geht der Würfel einfach an den Nachbarn weiter. Mehrere Runden spielen.

5. Orakel (A, B)

Dieses Spiel eignet sich besonders an Neujahr. Es wird zu einem besonderen Event, wenn der Spielleiter sich als Wahrsagerin verkleidet.

Statt Zahlen werden auf die Zettel der Lotterie kleine Vorhersagen geschrieben und in die Stücke von Trinkhalmen geschoben, z.B.

- Bald wird ein schöner Mann erscheinen und um deine Hand anhalten.
- Demnächst bekommst Du einen lieben Besuch, der gern Kuchen isst.
- Dir wird heute das Mittagessen besonders gut schmecken. Nimm zwei Portionen!
- Hat dir schon jemand gesagt, dass Du schöne Haare hast?
- Ein junger Mann wird sich nach Dir umdrehen und Dir ein Lächeln schenken.
- Die Person, die Du nicht magst, wird heute ausnahmsweise mal richtig lieb sein!
- Du hast eine so schöne Stimme, also sing ein bisschen lauter!

Alle gezogenen Sprüche werden laut verlesen.

6. Tiroler Roulette

Dieses Spiel ist eine feinmotorische Übung, verbreitet Spannung beim Agieren oder Zusehen. Gezählt wird, wie viele Kügelchen (Perlen) der Kreisel in eine Vertiefung oder Außenkammer geschubst hat. Die Zahl wird notiert, und der Nächste ist an der Reihe.

8 Buchstabenspiele

8.1.1 Scrabble

Die Original-Spielregeln (Kreuzwörter legen auf Spieltafel) sind für Menschen mit Demenz zu schwierig. Es gibt aber viele Variationen im Umgang mit Scrabble-Steinen.

8.1.2 Von Wort zu Wort (A)

Ein längeres Wort wird auf dem Tisch aus Scrabble-Steinen gebildet. Nun sollen neue Wörter gefunden werden, die senkrecht zum Ausgangswort liegen und einen Buchstaben enthalten, der bereits auf dem Tisch liegt.

8.1.3 Wörter finden (A, B)

Alle Buchstaben liegen auf dem Tisch. Jeder versucht, so viele Wörter wie möglich aus einem vorgegebenen Bereich (z. B. Tiere) zu legen. Als Hilfe kann man die Buchstaben für ein genanntes Tier aussuchen und dem Patienten geben, sodass er nur noch die richtige Reihenfolge finden muss.

8.1.4 Den eigenen Namen schreiben (C)

Ein Helfer sucht die richtigen Buchstaben für den (Vor-)Namen. Sie müssen jetzt in die richtige Reihenfolge gebracht werden.

8.1.5 Türmchen bauen mit Scrabble-Steinen (C)

Im Wechsel mit einem Helfer werden Scrabble-Steine so lange aufeinander gesetzt, bis der Turm umfällt.

8.2.1 Buchstaben ausschneiden und Wörter bilden (A, B)

Aus Zeitschriften und Reklameblättern gemeinsam viele groß gedruckte Buchstaben ausschneiden (feinmotorische Übung!). Die Buchstaben liegen in der Tischmitte. Nun versucht jeder, ein Wort zu schreiben – oder vielleicht einen ganzen Satz?

So könnte auch ein gemeinsamer Glückwunsch- oder Genesungsgruß für einen abwesenden Mitbewohner zustande kommen.

8.2.2 Groß und Klein (A, B)

Aus Zeitungen werden Großbuchstaben geschnitten.

Jeder sucht sich einen Buchstaben aus, klebt ihn auf ein Papier oder ein Stück Pappe und reicht das Ganze seinem Nachbarn weiter, der nun die weiteren Buchstaben für ein beliebiges Wort finden muss, die er hinter den Angangsbuchstaben klebt.

Spannender wird es, wenn (mit Unterstützung des Betreuers) die Initialen des Nachbar-Namens auf ein Papier geklebt und dem Nachbarn weitergereicht werden, der nun seinen Namen vervollständigt.

8.3 Wörtersuchen mit Drehscheibe (A, B)

Hier beteiligen sich alle gleichzeitig, sodass sich niemand geprüft fühlen kann.

Auf einer gekauften oder selbst gebastelten Drehscheibe mit den Buchstaben A-Z wird ein Buchstabe ermittelt. Nun werden Wörter gesucht, die mit diesem Buchstaben beginnen, Z.B. Kleidungsstücke, Männernamen, Küchengeräte, Gemüsesorten, Werkzeuge, Automarken usw.

8.4 Stadt, Land, Fluss – Helferspiel

(Alle machen mit.)
Dieses Spiel kennen viele Menschen von früher und erinnern sich gern daran. Weil ein Blatt und ein Stift dazu gehört, notiert der Spielleiter 6 Spalten auf seinem Blatt und überschreibt sie mit „Name, Stadt, Land, Fluss (oder See), Beruf, Lebensmittel." Alle Anwesenden helfen nun dem Spielleiter, sein Blatt auszufüllen, nachdem einer einen beliebigen Buchstaben ermittelt hat; z.B.: „N." Nun könnte auf das Blatt geschrieben werden: Nadja, Nürnberg, Neuseeland, Neckar, Notar, Nugat.

8.5 Wörtersuchen mit Anfangsbuchstaben (A, B)

Auf dem Tisch liegen Zettel, auf deren Rückseite jeweils ein Buchstabe steht. Reihum wird ein Zettel gezogen und der Buchstabe verkündet. Nun sollen möglichst viele Wörter gesucht werden, die mit diesem Buchstaben beginnen: Substantive (Hauptwörter) oder Verben (Tuwörter) oder Adjektive (Wiewörter).

Man könnte daraus auch ein Mannschaftsspiel machen, z.B. Männer gegen Frauen oder linke Tischreihe gegen rechte Tischreihe. Dabei müsste der Spielleiter eine Strichliste führen. Bereits genannte Wörter gelten kein zweites Mal.

8.6 Objekt suchen mit Anfangsbuchstaben (Rätsel) (A, B, C)

Der Spielleiter beschreibt einen Gegenstand und nennt den ersten Buchstaben. Dabei kann er den Schwierigkeitsgrad so variieren, dass jeder eine Aufgabe lösen kann. Manchmal empfiehlt es sich, die „Schnelldenker" auszuschließen, indem man sagt: Jetzt eine Frage für Herrn X.

- Man findet es in der Küche, braucht es für Saft, es ist aus Glas oder aus Plastik und beginnt mit Z (Zitronenpresse)
- Es wächst auf einem Baum, schmeckt gut und beginnt mit A (Apfel)
- Man findet es im Badezimmer, es ist aus Baumwolle, wird täglich benützt und beginnt mit H (Handtuch)
- Man braucht es im Garten, es ist aus Metall oder Plastik und beginnt mit G (Gießkanne)
- Man braucht es, um ein Kleidungsstück aus Wolle herzustellen, das beginnt mit S (Stricknadeln)
- Alle Kinder betrachten es gern, es beginnt mit B (Bilderbuch)

9 Mit allen Sinnen

Bei der Zuwendung zu Menschen mit Demenz wird oft viel zu wenig bedacht, dass die Sprache nicht das einzige Mittel ist, um die Aufmerksamkeit zu erregen und kleine Erlebnisse zu gestalten. Schon eine kleine Geste wie „Riechen Sie mal", während man ein Küchenkraut übergibt, kann aktivieren und erfreuen.

9.1 Fühlen

Wenn mit geschlossenen Augen etwas ertastet werden soll: Niemals die Augen verbinden! Höchstens fragen: Können Sie das auch herausfinden, ohne hinzugucken?

9.1.1 Mit Fingern und Nase erraten (A, B, C)

Obst oder Gemüse einzeln in Säckchen stecken und zubinden. Was ist drin? Tasten. Riechen ist erlaubt.

9.1.2 Unsichtbares erkennen (A, B, C)

Gegenstände aus dem Haushalt oder aus der Werkstatt in Säckchen packen und ertasten. Davor sollte aber schon das Thema „Küche" oder „Handwerk" eine Rolle gespielt haben, z. B. beim Wörtersuchen …

9.1.3 Stoffe fühlen (A, B, C)

Mit unterschiedlichem Stoff bespannte Brettchen erfühlen (Wer kann, auch mit geschlossenen Augen.) Wer findet die zwei Gleichen? Jeweils zwei Brettchen sind mit dem gleichen Stoff, möglichst in gleicher Farbe bespannt. (Taft, Cordsamt, Gestricktes aus Wolle, Teddystoff …)

9.1.4 Glatt – rau – sehr rau (A, B, C)

Sechs kleine Kartons mit glattem und unterschiedlich rauem Schmirgelpapier bekleben, und zwar jeweils zwei mit demselben Material. Wer findet die Paare durch Tasten?

9.1.5 Wahrnehmen und weitergeben (A, B, C)

Eine kleine Plastik von Hand zu Hand weitergeben.

Material, z. B. Wattebausch, Topfkratzer, Fell, Holzstück, Kastanienhülle, Kastanie, Glas, Lackschuh, Tannenzapfen... einzeln weitergeben.

(Jeweils warten, bis alle die Oberfläche abgetastet haben, dann erst den nächsten Gegenstand durchgeben.)

9.1.6 Wer traut sich? (A, B)

Das Material von Nr. 9.1.5 in einen geschlossenen Schuhkarton legen, der an einer Seite eine runde Öffnung für eine Hand hat. Wer traut sich, ins Unbekannte zu greifen?

9.1.7 Was ist gemeint? (A, B, C)

Mehrere Gegenstände mit unterschiedlicher Oberfläche liegen auf dem Tisch, z. B. eine Reibe, ein Schwamm, ein Glas, eine Nuss, eine Gabel…

Es liegt etwas auf dem Tisch, das ist rau – weich – glatt – hart – spitz …

Alle können raten und anfassen.

9.1.8 In der Tasche wühlen (A, B)

In einer Tasche liegen vier Gegenstandspaare, z. B. zwei Legofiguren, zwei Kaffeelöffel, zwei Plastikbecher, zwei Handschuhe. Ohne hinzugucken sollen nun die Paare aus der Tasche geholt werden. Dabei kann geholfen werden: Suchen Sie mal „blind" die beiden Löffel.

9.1.9 Tasten hinter dem Rücken (A, B)

Es gibt drei Kuscheltiere zur Auswahl: z.B. Teddy, Hase, Hund. Zunächst alle drei anschauen und betasten. Dann die Hände auf den Rücken legen, in die eines der drei Kuscheltiere gegeben wird. Was ist es?

9.1.10 Zahl auf dem Rücken (A)

Fragen, ob man dem Nachbarn mit dem Finger eine Zahl auf den Rücken „schreiben" darf. Welche Zahl war es?

9.1.11 Buchstaben auf der Hand (A, B)

Buchstaben auf die Handfläche eines Anderen „schreiben", der (ohne hinzugucken) erfühlen soll, was der Partner gemeint hat.

9.2 Riechen und Schmecken

Wir waren immer wieder überrascht, wie interessiert unsere Tagesgäste auf die Frage „Wollen Sie mal probieren?" reagiert haben. Deshalb immer wieder das Riechen und Schmecken bewusst machen, z.B. beim Einschenken oder bei der Auswahl von Joghurtbechern oder Kuchen.

9.2.1 Riechen und weitergeben (A, B, C)

Frische Kräuter aus dem Garten (Minze, Salbei, Liebstöckel, Basilikum, Rosmarin) reihum gehen lassen und benennen.

9.2.2 Obst erraten (A, B, C)

Obst in Stücke schneiden und reihum anbieten: Jeder hat eine Gabel, spießt auf, isst und sagt, was er schmeckt. (Oder genießt stumm.)

9.2.3 „Zwillinge" suchen (A)

In leere saubere Plastikfläschchen (z. B. von Joghurtgetränken) werden verschiedene Materialproben eingefüllt, z.B. Kaffeepulver, Früchtetee, Essig, stark riechendes Gewürz wie Rosmarin oder Kümmel, Wattebausch mit Parfüm … Wer kann raten, was er riecht?

In jeweils zwei Fläschchen steckt das gleiche Material. Wer findet den „Zwilling“?

9.2.4 Mitteilung und Beratung (A, B, C)

Ich habe mir ein Parfüm/ein Rasierwasser gekauft. Wollen Sie mal riechen? Oder: Ich habe im Laden zwei Gratisproben von Parfum bekommen. Welches finden Sie besser? Weitergeben. Gefällt mir/gefällt mir nicht.

9.2.5 Saft erraten (A)

Gläser mit verschiedenem Saft (Orangensaft, Apfelsaft, Mangosaft ...) stehen zur Auswahl bereit. Jeder nimmt sich ein Glas und versucht herauszufinden, was er getrunken hat. Einige Zettel liegen auf dem Tisch, auf denen eine Saftsorte notiert ist. Jeder sucht sich das „Namensschild“ zu seinem Glas.

9.2.6 Sauer oder süß? (A, B, C)

Ein Teller mit geschnittenen Essiggürkchen auf einem Stückchen Brot und ein Teller mit Keksen werden angeboten nach der Frage: Sauer oder süß? (Stumm nach dem Gewünschten zu greifen ist auch erlaubt.)

9.2.7 Bitter oder süß? (A, B, C)

Kleine Stückchen aus Vollmilch- und Bitterschokolade werden angeboten mit der Frage: Bitter oder süß?

9.2.8 Lavendelsäcken basteln (A, B, C)

Getrocknete Lavendelblüten in ein Säckchen oder ein hübsches Taschentuch füllen, zubinden, mitnehmen und in ein Wäschefach legen.

9.3 Hören

9.3.1 Lieder raten (A, B, C)

Es ist immer wieder verblüffend, wie schnell Menschen selbst bei fortgeschrittener Demenz Lieder erraten können, die sie selbst einmal gesungen haben. Die ersten Noten auf dem Klavier angetippt oder gesungen reichen schon aus, und schon wird das Lied gesungen. Auch der Text wird oft von Menschen mühelos wiedergegeben, die beim Sprechen große Probleme haben. Alte Volkslieder kennen die Älteren von heute noch sehr gut. Bei den später Geborenen sind es oft Schlager, an die sie sich gut erinnern. Natürlich sollte das erratene Lied dann auch gesungen werden, zumindest die erste Strophe.

9.3.2 Geräusche erraten (A, B, C)

Einer stellt eine Sichtblende (z. B. Leitz-Ordner) auf, ein anderer macht dahinter ein Geräusch: Papier zerreißen, Streichholz anzünden, Münzen fallen lassen, ein Glas eingießen, Buch zuklappen, Karten mischen, würfeln, Pfeffermühle drehen …

Auch wenn vielleicht nur einer das Geräusch benennen kann, ist es interessant, den unsichtbaren Vorgang zu benennen und zu wiederholen.

9.3.3 Klapperdosen unterscheiden (A, B, C)

Döschen mit Plastikdeckel (z. B. Erdnuss-Dosen) sammeln. Dann unterschiedliches Material einfüllen, z. B. ein Löffel Reis, einige Nägel, Sand, Holzperlen. (Falls Mitspieler geräuschempfindlich sind, auf Füllungen aus Metall verzichten). Eine kleine Materialprobe jeweils zurück lassen und auf dem Tisch präsentieren. Nun soll reihum durch Schütteln herausgefunden werden, welches Material in welchem Döschen steckt.

9.4 Schau genau

9.4.1 Memory offen (B, C)

Memory-Kärtchen liegen offen auf dem Tisch. Jeder versucht, möglichst viele Paare zu finden.

9.4.2 Söckchen sortieren (A, B, C)

Ein kleiner Karton mit vielen bunten Kindersöckchen wird geleert. Paare suchen und zusammenfalten.

9.4.3 Gleiches Muster erkennen (B, C)

Aus Bastelbögen mit unterschiedlichen Mustern werden je zwei Quadrate (in der Osterzeit eiförmige Figuren)ausgeschnitten, gemischt und offen auf den Tisch gelegt. Jeder erhält ein Teil und soll sich die drei fehlenden Teile dazu suchen.

9.4.4 Fastnachtsspiel (A, B)

Die Krawatten, die an Weiberfastnacht dran glauben mussten, werden in mehrere Teile zerschnitten und müssen auf dem Tisch wieder rekonstruiert werden.

9.4.5 Bilderbücher: Wer entdeckt … (A, B, C)

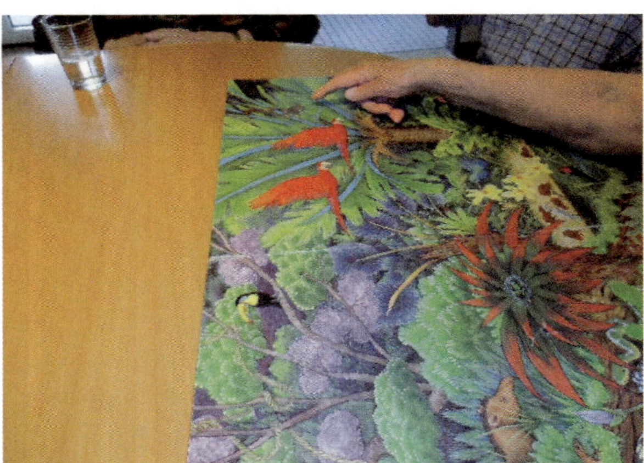

Bilderbücher sind ideale Suchbilder. Es gibt sie im Riesenformat, sodass gleich zwei oder drei Personen ein genanntes Tier, eine Person oder einen Gegenstand suchen können. Bilderbücher in Normalgröße können herumgereicht werden, sodass jeder mit dem Suchen drankommt.
Dabei sollten die Abbildungen nicht zu kleinteilig sein.

9.4.6 Was ist das? (A)

Ein Foto oder das Bild eines bekannten Bauwerkes wird mit einem halbierten Bierdeckel bedeckt. Was ist zu sehen? Wenn man den Bierdeckel ein Stück dreht, wird ein größeres Stück vom Ratebild sichtbar.

9.5 Puzzles

9.5.1 Gekaufte Puzzles (A, B, C)

Es gibt viele einfache Puzzles (z.B. Ravensburg-Verlag), die sich für die Arbeit in einer Tagesstätte eignen. Man sollte allerdings darauf achten, dass das Bildmotiv nicht zu kindisch ist. Entsprechend der Fähigkeiten des Patienten muss die Aufgabe so gestellt werden, dass das Ergebnis immer ein Erfolgserlebnis wird. Also zunächst nur ein Stück oder wenige Teile aus dem Puzzle herausnehmen, das fertige Bild bewundern.

9.5.2 Selbstgemachte Puzzles

- Eine zerschnittene Postkarte im Briefumschlag präsentieren. Detektive können sie rekonstruieren. (A)
- Eine Seite aus einem Katalog für modische Kleidung wird in zwei Teile geschnitten und soll wieder zusammengesetzt werden. (C)
- Mehrere entzwei geschnittene Katalogseiten liegen vermischt auf dem Tisch und sollen wieder zusammengesetzt werden. (B)
- Kalenderblätter wieder herstellen. (A)

Wir brauchen so viele Kalenderblätter wie Personen anwesend sind. Jedes Blatt wird in vier gleiche Teile zerschnitten. Ein Teil davon geht an einen Mitspieler, die anderen drei Teile kommen in die Tischmitte. Hat jeder ein Viertel eines Kalenderblattes, werden die anderen Teile auf dem Tisch vermischt. Nun muss sich jeder seine drei fehlenden Teile zusammensuchen.

10 Gedächtnistraining

Verloren gegangene Gedächtnisleistungen können bei Alzheimer-Patienten nicht durch Training zurückgewonnen werden. Was aber an der Fähigkeit, sich etwas zu merken, noch vorhanden ist, sollte durch Training möglichst lange erhalten bleiben. Aber auch hier gilt: Misserfolge vermeiden! Erfolge feiern!

10.1 Sich etwas merken

10.1.1 Gegenstände merken (A, B)

Auf dem Tisch liegen 3 Gegenstände, die benannt werden. Augen einen Moment schließen und sich in Erinnerung rufen, was auf dem Tisch liegt. Dann Augen öffnen und vergleichen.

10.1.2 Kimspiel (A, B)

Auf dem Tisch liegen 4 Gegenstände, die benannt werden und dann mit einem Tuch bedeckt werden. Beim Abnehmen des Tuchs wird ein Gegenstand mit entfernt. Was fehlt? Wenn die Aufgabe zu leicht ist, die Zahl der Gegenstände erhöhen.

10.1.3 Bildchen merken nach Ablenkung (A)

3 Abbildungen (z.B. Haus, Vogel, Hose) soll man sich merken. Kärtchen umdrehen. Dann wird eine kleine Rechenaufgabe gelöst oder ein Sprichwort ergänzt. Danach erinnern: was war auf den drei Bildchen zu sehen?

10.1.4 Bildkärtchen merken mit Geschichte (A)

Einige Bildkärtchen liegen auf dem Tisch. Um sie sich besser merken zu können, erfindet man eine (stimmige oder unsinnige) Geschichte. Beispiel: Auf dem Tisch liegen Kärtchen mit Vogel, Auto, Leiter, Hose, Haus. Dazu die Geschichte: Jemand wollte einen *Vogel* fangen, zog sich seine *Hose* an und kletterte auf die *Leiter*. Aber der Vogel flog davon, deshalb setzte er sich in sein *Auto* und fuhr nach *Hause*.

10.2 Dinge benennen. Wie heißt das doch gleich? (A, B, C)

Aus Katalogen, z.B. für Tiefkühlkost, gleich große Bilder mit Schablone markieren und ausschneiden, falls möglich, laminieren. Dann benennen.

Beispiele:

- Bilder von Lebensmitteln oder Speisen liegen auf dem Tisch. Jeder sucht sich sein Essen zusammen: Bei mir gibt es heute…
- Der Spielleiter benennt Dinge und fordert einen Anwesenden auf, das entsprechende Bild zu suchen.
- Zwei bis drei Karten werden vor einen Mitspieler gelegt mit der Frage: Welches ist…
- Der Spielleiter nennt einen Oberbegriff (Fahrzeug, Obst, Hülsenfrüchte). Wer findet, was dazu gehört?
- Die Karten mit Obst werden verdeckt auf einen Stapel gelegt. Einer nimmt die oberste Karte ab, ohne dass andere sehen, was es ist, und nennt drei Eigenschaften, die charakterisieren, was auf seiner Karte ist: Süß, rund, schwarz (Kirsche)

10.3 Sprichwörter ergänzen

Auch bei fortgeschrittener Demenz sind viele Sprichwörter noch abrufbar. Zu wissen, wie es weitergeht, verbreitet gute Laune. Wir haben Sprichwörter ausgesucht, Anfang und Ende in zwei verschiedenen Farben gedruckt, laminiert und ausgeschnitten.

Morgenstund	hat Gold im Mund.
Müßiggang	ist aller Laster Anfang.
Was Du nicht willst, das man dir tu	das füg auch keinem Andern zu.
Der Krug geht so lange zum	Brunnen, bis er bricht.
Wer andern eine Grube	gräbt, fällt selbst hinein.
Alte Bäume	soll man nicht verpflanzen.
Lieber den Spatz in der Hand	als die Taube auf dem Dach.
Am Abend wird	der Faule fleißig.
Der Klügere	gibt nach.
Der liebe Gott hat uns die Zeit geschenkt	von Eile hat er nichts gesagt.
Der Lauscher an der Wand	hört seine eigene Schand.
Die Suppe wird nicht so heiß gegessen	wie sie gekocht wird.
Man soll den Tag nicht	vor dem Abend loben.
Die Zeit heilt	alle Wunden.
Die Axt im Haus	erspart den Zimmermann.
Ein reines Gewissen	ist ein sanftes Ruhekissen.
Hochmut kommt	vor dem Fall.
Viele Köche	verderben den Brei.
Ende gut	alles gut.
Erst die Arbeit	dann das Vergnügen.
Es gibt nichts Gutes	außer man tut es.
Gelegenheit	macht Diebe.
Geld	stinkt nicht.
Geteiltes Leid	ist halbes Leid.
Glück und Glas	wie leicht bricht das.
Getroffene Hunde	bellen.
Hunde, die bellen	beißen nicht.
In der Kürze	liegt die Würze.
In der Not	frisst der Teufel Fliegen.

In der Nacht	sind alle Katzen grau.
Jedem Tierchen	sein Pläsierchen.
Neue Besen	kehren gut.
Kindermund	tut Wahrheit kund.
Langes Fädchen	faules Mädchen.
Ohne Fleiß	kein Preis.

10.3.1 Wer hat das Ende? (A, B)

Die Streifen mit den Enden der Sprichwörter werden verteilt. Die Anfänge der Sprichwörter werden vorgelesen. Wer Teil 2 besitzt, bekommt Teil 1 dazu.

10.3.2 Wie geht es weiter? (A, B, C)

Anfänge von Sprichwörtern werden der ganzen Gruppe langsam vorlesen. Wer weiß, wie es weitergeht, spricht den Text.

10.4 Reime ergänzen, Reimwörter finden (A, B)

10.4.1 Kinderreime

Wissen Sie noch, welche Kinderreime Sie Ihrem Sohn, Ihrer Tochter beigebracht haben? Wenn man den Anfang zitiert, fallen andere ein oder ergänzen das Reimwort.

Meistens wecken diese Reime auch Erinnerungen an die eigene Kindheit, was wiederum ein Gespräch in Gang setzen kann.

Manche Kinderreime lassen sich mit Fingerbewegungen begleiten.

Manche kann man singen.

Backe, backe, Kuchen
Backe, backe, Kuchen,
der Bäcker hat ..... gerufen!
Wer will guten Kuchen backen,
der muss haben sieben ..... Sachen:
Eier und Schmalz, Butter und ..... Salz,
Milch und ..... Mehl,
Safran macht ..... den Kuchen gel (gelb)!

Das ist der Daumen
Das ist der Daumen,
der schüttelt die ..... Pflaumen,
der hebt sie auf,
der trägt sie nach ..... Haus,
und der kleine Schelm isst sie alle ..... auf.

Meine Mutter schickt mich her
Meine Mu, meine Mu, meine Mutter schickt mich her,
ob der Ku, ob der Ku, ob der Kuchen ..... fertig wär?
Wenn er no, wenn er no, wenn er noch nicht fertig wär,
Käm ich mo, käm ich mo, käm ich morgen wieder ..... her.

Heile, heile, Segen
Heile, heile Segen
drei Tage ..... Regen,
drei Tage Schnee,
tut es nicht mehr ..... weh.

Heile heile Gänsje[2]
Es is bald widder gut
Es Kätzje hat e Schwänzje
Es is bald widder gut
Heile heile Mausespeck
In hunnerd Johr is alles weg.

Zehn kleine Zappelmänner (mit Fingerbewegungen)
Zehn kleine Zappelmänner zappeln hin und her,
zehn kleinen Zappelmännern fällt das gar nicht ..... schwer.
Zehn kleine Zappelmänner zappeln auf und nieder,
zehn kleine Zappelmänner kommen immer ..... wieder.
Zehn kleine Zappelmänner zappeln ringsherum,
zehn kleine Zappelmänner, die sind gar nicht ..... dumm.
Zehn kleine Zappelmänner spielen gern Versteck,
zehn kleine Zappelmänner sind auf einmal ..... weg.
Zehn kleine Zappelmänner sind nun wieder da,
zehn kleine Zappelmänner rufen laut: ..... Hurra!

Hoppe, hoppe, Reiter
Hoppe, hoppe, Reiter,
wenn er fällt dann ..... schreit er.
Fällt er in den Graben,
fressen ihn die ..... Raben.
Fällt er in den Sumpf, macht der Reiter: ..... plumps!

Morgens früh um sechs
Morgens früh um sechs
kommt die kleine ..... Hex'.
Morgens früh um sieben
kocht sie gelbe ..... Rüben.
Morgens früh um acht
wird Kaffee ..... gemacht.
Morgens früh um neun
geht sie in die ..... Scheun'.
Morgens früh um zehn
holt sie Holz und ..... Spän',
feuert an um elf,
kocht dann bis um ..... zwölf:
Fröschebein' und Krebs und Fisch.
Hurtig, Kinder, kommt zu ..... Tisch!

2 Dieser Kinderreim wurde von Ernst Neger bei der Mainzer Fastnacht jahrelang als Refrain eines Liedes gesungen.

10.4.2 Aus dem Poesiealbum (A, B, C)

Rosen, Tulpen, Nelken,
alle drei verwelken,
nur das eine welket nicht
welches heißt ….. Vergissmeinnicht.

Lebe glücklich, lebe froh
Wie der Mops im ….. Haferstroh.

Beginne jeden Morgen
mit einem guten Wort
er leuchtet wie ein Sternlein
hell durch die Stunden ….. fort.

Willst du glücklich sein im Leben,
trage bei zu Andrer Glück.
Denn die Freude, ….. die wir geben,
kehrt ins eigne Herz zurück.

Redet einer schlecht von dir
Sei es ihm erlaubt.
Aber du, du lebe so,
dass ihm ….. keiner glaubt.

Liebe Leute, groß und klein
Haltet mir dies Büchlein rein,
reißt mir keine Blätter raus,
sonst ….. ist's mit der Freundschaft aus!

10.5 Heitere Gedichte

10.5.1 Reimwörter ergänzen

Die Fliege von Wilhelm Busch[3]
Dem Herrn Inspektor tut's so gut
Wenn er nach Tisch ein wenig ….. ruht.
Da kommt die Fliege mit Gebrumm
Und surrt vor seinem Ohr ….. herum.
Und aufgeschreckt aus halbem Schlummer
Schaut er verdrießlich auf den ….. Brummer.
Die böse Fliege! Seht, nun hat 'se
Sich festgesetzt auf seiner ….. Glatze.
„Wart nur, du unverschämtes Tier!
Anitzo aber komm ich ….. dir!"
Behutsam schleicht er nach der Tasse,
dass er die Fliege da er ….. fasse.
Perdauz! – darin ist er gewandt:
Er hat sie wirklich in der ….. Hand.
…
Surr! Da! Sie ist schon wieder frei.
Der Jäger ist ihr einer….. lei.
Jetzt aber kommt er mit der Klappe

3 Neues Wilhelm Busch Album, Berlin/Grunewald o.J., S. 159-161

Dass er sie so vielleicht er ..... tappe,
und um sie sicher zu bekommen,
hat er den Sorgenstuhl er ..... klommen.
Rumsbums! Da liegt der Stuhl und er.
Die Fliege flattert froh um ..... her.
Da holt er aus mit voller Kraft,
die Fliege wird dahin ge ..... rafft.
Und fröhlich sieht er das Insekt
Am Boden leblos ausge ..... streckt.
Erquicklich ist die Mittagsruh,
nur kommt man oftmals nicht ..... dazu.

11 Witze

Ein Tag ohne Lachen ist ein verlorener Tag. Witze kommen immer gut an, auch wenn sie schon mehrfach erzählt wurden. Wir haben oft beobachtet, dass selbst Personen, die den Witz gar nicht verstanden haben, herzhaft mitlachen, wenn die anderen lachen.

Wer kann einen Witz erzählen?

11.1 Emma stellt fest, dass am Donnerstag wegen eines Feiertags der Kindergarten geschlossen ist. Sie will wissen, was das für ein Feiertag ist. „Christi Himmelfahrt!", erklärt die Mama. „Oh, toll", ruft Emma begeistert, „fahren wir da auch mit?"

11.2 „Ist das dein Sohn?", fragt ein Kollege. „Manchmal", antwortet der Angesprochene. „Wieso manchmal?", wundert sich der Kollege.

„Wenn es ein gutes Zeugnis gegeben hat, sagt meine Frau: mein Sohn. Wenn er was angestellt hat, sagt sie: dein Sohn."

11.3 „Morgen müssen sich alle Kinder schön anziehen, weil der Erdbeer-Schorsch in die Schule kommt", erklärt Fritz seiner Mutter. „Welcher Erdbeer-Schorsch?", fragt die Mutter und erkundigt sich bei der Lehrerein. Die klärt sie auf: „Der Erzbischof kommt!"

11.4 Als der Vater nach Hause kommt, findet er seine kleine Tochter weinend in der Ecke sitzen. „Aber Kind, warum weinst du denn?" „Weil die Oma geht!"

„Was, die Oma geht? Davon weiß ich ja gar nichts. Wohin geht sie denn?"

„In Rente!", schluchzt die Kleine.

11.5 „Guck, Mama", ruft Sebastian, „mein großer Zeh ist aus dem Strumpf gewachsen!"

11.6 Ein furchtbares Gewitter tobt und will nicht enden. „Egon", sagt die Frau zu ihrem Mann, „ich glaube, die Welt geht unter!" „Das glaube ich auch", sagt der Mann zitternd. „Aber ehe unser Stündlein gekommen ist, sollten wir uns noch unsere Sünden gestehen und uns gegenseitig vergeben." „Ja, Egon", sagt die Frau und berichtet ihm, wie sie ihn betrogen hat und welche Tricks sie beim Haushaltsgeld angewendet hat und wie sie sonst noch gesündigt hat. „Und jetzt du!“, sagt die Frau unter Tränen. Der Mann antwortet: „Pustekuchen. Da hinten wird’s heller!“

11.7 Zwei Zahnstocher gehen im Wald spazieren. Kommt ein Igel vorbei. Sagt der eine Zahnstocher zum Anderen: „Oh, ich habe ja gar nicht gewusst, dass hier auch ein Bus fährt!“

11.8 Emma liegt im Sterben, aber ihr Mann legt sich in sein Bett. „Wie“, sagt die Frau, mit mir geht’s zu Ende, und du willst nicht bei mir wachen?“ „Du hast gut reden“, sagt der Mann, „ich muss morgen früh raus zur Arbeit, aber du kannst liegen bleiben!“

11.9 Die Frau sagt zu ihrem Verehrer: „Du liebt mich vielleicht nur, weil mir mein Vater so ein großes Vermögen hinterlassen hat“

Er: „Glaub mir, es ist mir ganz egal, woher das Geld kommt!“

11.10 Die kleine Julia kommt aus der Kirche und ruft begeistert: „Oma, die ganze Gemeinde hat Hallo Julia! gesungen.“

11.11 Wie nennt ein Menschenfresser einen Rollstuhlfahrer? Essen auf Rädern.

11.12 „Du, ich werde Vater!“, sagt ein Mann zu seinem Freund. „Das ist doch wunderbar, warum machst du so ein ängstliches Gesicht?“ „Meine Frau weiß es noch nicht.“

11.13 Während des Mittagessens schiebt der Mann seinen Teller dem Hund hin.

„Wie“, sagt die Frau empört, „du gibst dem Hund, was ich gekocht habe?“

„Nur tauschen“, sagt der Mann.

11.14 Der Patient sagt zum Arzt: „ Herr Doktor, ich habe Probleme beim Schlucken, immer Bauchweh, Gleichgewichtsstörungen, Gelenkschmerzen und Flimmern vor den Augen. Sagen Sie mir doch: Was fehlt mir?“

Der Arzt: „Was soll Ihnen fehlen, Sie haben doch schon alles!“

11.15 Eine Frau trifft einen Mann und sagt: „Du hast dich aber verändert! Andere Haarfarbe, andere Frisur, und ganz schön dick bist du geworden, Eberhard.“

Der Mann schaut befremdet: „Ich heiße doch gar nicht Eberhard!“ „Was, deinen Namen hast du auch noch geändert?“

11.16 Ein Nachbar klingelt an der Tür. Fritzchen öffnet, eine Zigarette im Mund und ein Glas Whisky in der Hand. „Sind deine Eltern da?“ fragt der Nachbar.

„Sieht das etwa so aus?“, antwortet der Kleine.

11.17 Ein Liebespaar hört Schritte auf der Treppe: „Um Himmels willen, das ist mein Mann!“, sagt die Frau entsetzt. „Schnell, spring aus dem Fenster!“

„Aber wir sind doch im 13. Stock!“ „ Beeil dich“, sagt die Frau, „jetzt ist keine Zeit für Aberglaube!“

11.18 Wenn man Uli Ziets heißt, hat man schon seine Probleme. Meldet er sich am Telefon mit „Hier Ziets“, heißt es, „dann manchen Sie doch das Fenster zu“. Sagt er: „Ziets hier“, antwortet der Andere. „Wie soll ich das wissen?“

11.19 „Zum Geburtstag wünsche ich mir ein Buch von dir!“, sagt der Enkel. „Das ist aber schön“, freut sich die Oma. „Welches denn?“ „Dein Sparbuch!“

11.20 Lehrer zum Schüler: „Ich hoffe, dass ich dich nie mehr beim Abschreiben erwische!“ Schüler: „Ja, das hoffe ich auch!“

11.21 Mami hat die kleine Susanne ins Bett gebracht und denkt, sie hätte nun Ruhe. Aber Susanne ruft dauernd nach ihr; mal ist es ihr zu warm, dann wieder zu hell, dann will sie noch was fragen … Schließlich wird es Mami zu dumm. „Wenn du noch einmal Mami rufst, werde ich fuchsteufelswild." Kurze Stille. Dann ruft Susanne: „Frau Maier, ich möchte noch was trinken!"

11.22 Ein Gast beschwert sich empört: In meinem Bier schwimmt eine Fliege! Darauf die Bedienung: „Was regen Sie sich da auf. Das bisschen Bier, was die wegtrinkt!"

11.23 Beim Elternabend sagt der Lehrer: „Wenn Sie mir versprechen, kein Wort von dem zu glauben, was Ihr Kind über meinen Unterricht erzählt, verspreche ich Ihnen, kein Wort von dem zu glauben, was Ihr Kind über Ihr Zuhause erzählt."

11.24 Peter liegt auf dem Fußboden und schaut einer Kerze beim Brennen zu, die er vor sich gestellt hat. „Die wird ja immer kleiner", schimpft er, dabei stand auf der Packung „Wachskerzen".

11.25 „Mein Hund kann lügen. Soll ich es euch beweisen?" fragt Tobi und holt seinen Hund. „Sag, wie macht die Kuh?" „Wau, wau" sagt der Hund.

12 Rätsel

Rätsel am besten nicht an einen Einzelnen, sondern an die Gruppe richten. Falls dann immer die gleiche Person das Rätsel löst, kann man die Sache steuern, indem man zum Beispiel vorschlägt: Beim nächsten Rätsel dürfen nur die Frauen (die Männer, wer auf dieser Seite sitzt …) raten.

12.1 Es hängt an der Wand und gibt dir jeden Morgen die Hand.
(Das Handtuch)

12.2 Es läuft und läuft und kommt doch nicht vom Fleck.
(Die Uhr)

12.3 Eine Brille passt auf keine Nase, wird aber trotzdem gekauft.
(Die Klobrille)

12.4 Welche Birne kann man nicht essen?
(Die Glühbirne)

12.5 Welches Glöckchen kann nicht läuten?
(Das Schneeglöckchen)

12.6 Welcher Hahn kann nicht krähen?
(Der Wasserhahn)

12.7 Ich möchte wissen, wer das ist, / der stets mit zwei Löffeln isst.
(Der Hase)

12.8 Wer lebt von der Hand in den Mund?
(Der Zahnarzt)

12.9 Was bekommt ein Engel, wenn er auf einen Misthaufen fällt?
(Kotflügel)

12.10 Er begleitet dich bei schönem Wetter und wird dabei mal kleiner, mal größer.
(Der Schatten)

13 Begriffe suchen

13.1 Drei Wörter kreisen um einen Begriff

Was ist gemeint? Solche Rätsel sind leicht zu erfinden, z. B.
(B, C)

- Fahren, sitzen, Bremse (Auto)
- Schrift, umblättern, lesen (Buch)
- Schutz, nass, Griff (Regenschirm)
- Zunge, schnüren, wandern (Schuh, Wanderstiefel)
- Süß, weich, zupfen (Zuckerwatte)
- Hopfen, Malz, Wasser (Bier)
- Schwarz, fromm, Haube (Nonne)
- Kohle, Rost, Würstchen (Grill)
- Noten, Wörter, singen (Lied)
- Schnaufen, Treppen, Aussicht (Turm)

(A)

- Quecksilber, Glas, Striche (Thermometer)
- Bewegen, Holz, sitzen (Schaukelstuhl)
- Gelb, wachsen, aufschließen (Schlüsselblume)
- Löffel, Schwänzchen, Kohl (Hase)
- Birne, Schalter, lesen (Lampe)
- Breit, weich, Holz (Ehebett)
- Dehnbar, wickeln, lang, Schmerz (elastische Binde)

13.2 Teekessel (A)

Zwei Betreuerinnen stellen ihren „Teekessel" vor, das ist ein Name mit zwei verschiedenen Bedeutungen. Abwechselnd beschreiben sie ihren Begriff, bis jemand erraten hat, was mit „Teekessel" gemeint ist.

Ein Beispiel: Die beiden haben sich verständigt, dass der Teekessel diesmal für „Bank" steht. Einer beginnt: Mein Teekessel kann Geld geben. Der Andere fährt fort: Mein Teekessel sorgt für Bequemlichkeit. Der Erste: Mein Teekessel wohnt in einem Haus. Der Andere: Meinen Teekessel gibt es im Grünen, aber auch im Haus und im Garten …

Birne (Obst und Glühbirne)
Decke (Zimmerdecke und Wolldecke)
Berliner (Schmalzgebäck und Einwohner der Stadt Berlin)
Umschlag (Briefumschlag und Verband)
Angel (Türangel und Angel zum Fischen)
Ball (Tanzfest und Spielgerät)
Mutter (Mama und Schraubenmutter)
Löffel (Besteck und Hasenohr)

14 Stimmt oder stimmt nicht

Jeder Zuhörer hat ein rotes und ein grünes Stück Papier vor sich liegen. Es könnte auch ein Gegenstand mit einer roten und einer grünen Seite sein, z.B. ein beidseitig beklebter Bierdeckel oder eine beklebte Fliegenklatsche.

Der Spielleiter stellt eine Behauptung in den Raum. Darauf reagieren die Zuhörer mit dem Zeichen grün = stimmt oder mit rot = stimmt nicht.

Zur Einführung sagt der Spielleiter z. B. „Ich behaupte: Heute ist Donnerstag.

Stimmt das oder stimmt das nicht? Wer der Meinung ist, es stimme, hebt das grüne Blatt hoch. Wer glaubt, das stimme nicht, hebt das rote Blatt hoch."

Wer hat gewonnen: Die sich für Rot entschieden haben oder die, die Grün gezeigt haben?

Ich behaupte (C):

- Heute ist Sonntag
- Das ist (eine Blumenvase, ein Aschenbecher…)
- 3 + 3 = 7
- 7 + 3 = 10
- Wenn ein Hund gut gefüttert wird, kann er 40 Jahre alt werden.
- Frau … sieht heute besonders gut aus.
- In vier Wochen ist Weihnachten.
- Diese Kanne da ist gelb.
- Zu „Stiefel" kann man auch „Sandalen" sagen.
- Unsere Frau … ist schon 91 Jahre alt
- Wenn man harte Eier lang genug kocht, werden sie wieder weich.
- Alle vier Jahre hat das Jahr einen Tag mehr.

Ich behaupte (B):

- Beim Elfmeter muss der Ball 13 Meter vom Tor entfernt liegen.
  (stimmt nicht)
- Bei Ohrenschmerzen kann eine heiße Kartoffel helfen, die aufs Ohr gelegt wird.
  (stimmt)
- Die Olympischen Spiele finden alle 10 Jahre statt.
  (Stimmt nicht, sie finden alle 4 Jahre statt.)
- Der Mond ist kleiner als die Erde.
  (stimmt)
- Der Monat Februar hat 28 Tage, im Schaltjahr aber 30 Tage.
  (Stimmt nicht, im Schaltjahr hat er 29 Tage.)
- Wenn man die Farben Gelb und Blau mischt, bekommt man Grün.
  (stimmt)
- Wenn Bier beim Einschenken aufs Tischtuch fließt, gibt's Ärger.
  (stimmt)
- Es gibt fleischfressende Pflanzen.
  (stimmt)

- Männliche Pferde nennt man Eber.
  (Stimmt nicht. Eber heißt das männliche Schwein.)
- Elefanten können Trompetentöne von sich geben.
  (stimmt)
- Ein Giraffenbaby wiegt bei der Geburt nur 2 kg.
  (Stimmt nicht. Es wiegt 50 kg)
- Fledermäuse halten Winterschlaf.
  (stimmt)

Ich behaupte (A):

- Der höchste Kirchturm von Deutschland ist 300 m hoch.
  (stimmt nicht. Der Turm vom Ulmer Münster ist 162 m hoch)
- Ein Puma kann 7 m weit springen.
  (stimmt)
- Die Züge der Deutschen Bahn sind immer pünktlich.
  (stimmt nicht)
- Wenn einem eine schwarze Katze über den Weg läuft, gibt's ein Unglück.
  (Stimmt nicht, ist Aberglaube)
- Ältere Menschen sollten pro Tag mindestens 2l Flüssigkeit zu sich nehmen.
  (stimmt)
- Hunde können bei guter Ernährung 22 Jahre alt werden.
  (stimmt nicht, höchstens 16 Jahre)
- Frische Rotweinflecken auf dem Tischtuch können mit Salz behandelt werden.
  (stimmt)
- Manche Kinder tragen eine Brille, bei der ein Glas zugeklebt ist, damit sie besser sehen.
  (Stimmt, das freie Auge wird trainiert.)
- Schnecken sind weder männlich noch weiblich; sie sind beides.
  (Stimmt. Bei der Paarung werden Samen von beiden Schnecken abgegeben.)
- Zimt und Zitrone ziehen Ameisen an.
  (Stimmt nicht, solche Gerüche stoßen Ameisen ab.)
- Ein Gorilla hat längere Arme als Beine.
  (stimmt)
- Es gibt kleine Vögel, die wiegen nur 1oder 2 Gramm.
  (stimmt)
- Die Donau ist der längste Fluss der Welt.
  (Stimmt nicht. Es gibt 25 Flüsse, die länger sind als die Donau mit 2.845 km. Der Nil ist der längste mit 6.671 km.)
- In Australien ist es im Juli viel kälter als im Januar.
  (Stimmt. Ca. 30 Grad sind es im Januar, 5-19 Grad im Juli.)
- Wir haben jetzt keine Lust mehr, zu raten.

15 Märchen

Märchenerzählungen können das Verhalten von Menschen mit Demenz positiv verändern. Sie steigern die Lebensqualität, verringern herausforderndes Verhalten und aktivieren antriebsarme Personen. Das bewies ein Projekt „Märchen und Demenz", das vom Deutschen Zentrum für Märchenkultur in unterschiedlichen Einrichtungen durchgeführt[4] und von der Alice-Salomon-Hochschule Berlin wissenschaftlich begleitet wurde.[5]

Märchen sind Teil der Kindheitserfahrungen, an die sich viele Menschen trotz Demenz noch erinnern. Man begegnet in den Märchen fundamentalen Erfahrungen wie Angst, Glück, Missgunst, Güte, Schuld und Strafe, die auch Kinder und Menschen mit Demenz nachempfinden können. Märchen sind einfach strukturiert, die darin vorkommenden Figuren sind Typen ohne wechselndes oder kompliziertes Verhalten. Die Handlung ist fortlaufend, das „Happyend" programmiert: Das Böse wird bestraft, das Gute siegt.

Bekannte Zitate aus Märchen wie „Spieglein, Spieglein an der Wand …"

können die meisten alten Menschen noch mitsprechen, und so sind sie von vornherein in die Aktion eingebunden, auch wenn Teile des Märchens verloren gegangen sind.

In unserer Einrichtung hat es sich bewährt, nicht alle Details der Geschichte vorzutragen, sondern Grimms Märchen jeweils auf ihren Kernteil zu reduzieren. Der ausgewählte Text wurde vorgelesen oder erzählt. Durch die „Belebung", die das Märchen ausgelöst hat, hatten unsere Zuhörer meistens auch Lust, sich an weiteren Aktivitäten zu beteiligen, die sich aus der Beschäftigung mit dem Märchen ergaben. Dazu hier einige Beispiele:

15.1 Schneewittchen

Spieglein, Spieglein an der Wand,
wer ist die Schönste im ganzen Land?
Frau Königin, Ihr seid die Schönste hier,
aber Schneewittchen ist noch tausendmal schöner als Ihr!

Es war einmal eine kleine, wunderschöne Prinzessin mit einer Haut so weiß wie Schnee, Bäcklein so rot wie Blut und Haaren so schwarz wie Ebenholz, die hieß Schneewittchen. Weil aber ihre Mutter gestorben war und ihr Vater, der König, wieder geheiratet hatte, bekam sie eine Stiefmutter. Das war eine eitle, selbstsüchtige Frau, der nur eines wichtig war: Sie wollte die Schönste sein im ganzen Land.

Sie besaß einen Spiegel, der immer die Wahrheit sagte, von dem wollte sie

Jeden Tag hören, dass sie die Allerschönste sei. So trat sie auch eines Morgens wieder von den Spiegel und fragte:

Spieglein, Spieglein an der Wand,
wer ist die Schönste im ganzen Land?

Wie erschrak sie aber, als der Spiegel antwortete:

Frau Königin, Ihr seid die Schönste hier,
aber Schneewittchen ist noch tausendmal schöner als Ihr!

Die Königin wurde wütend. Sie hasste Schneewittchen so seht, dass sie ihrem Jäger befahl, Schneewittchen in den Wald zu führen und zu töten.

Der Jäger aber hatte Mitleid mit dem schönen Schneewittchen und ließ sie entkommen.

Schneewittchen lief immer weiter in den Wald hinein, sie lief und lief, bis es Abend wurde. Plötzlich stand sie vor einem Häuschen. Sie klopfte an. Niemand antwortete. So öffnete sie die Tür und trat ein.

Da sah sie einen gedeckten Tisch mit sieben kleinen Stühlchen davor.

---

4 Anna Herzog, Marie Wöpking, Diane Dierking, Silke Fischer, Ingrid Kollak: Märchenerzählung. In: Ingrid Kollak (Hrsg.): Menschen mit Demenz durch Kunst und Kreativität aktivieren, a.a.O. S. 1-20.

5 Projektleitung: Prof. Dr. Ingrid Kollak. Projektwebsite: http://www.ash-berlin.eu/forschung/forschungsprojekte/maerchen-demenz/

Auf dem Tisch standen 7 kleine Tellerchen mit leckerem Essen darauf, daneben sieben kleine Gäbelchen und sieben kleine Becherchen.

Schneewittchen war so hungrig, dass sie von jedem Tellerchen ein wenig naschte und aus jedem Becherlein ein Schlückchen trank.

Als sie sich weiter in dem Häuschen umsah, entdeckte sie sieben kleine Betten, und weil sie so müde war, legte sie sich in eines der Bettchen und fiel in einen tiefen Schlaf.

Unterdessen waren die Hausherren von der Arbeit heimgekehrt; das waren sieben Zwerge. Gleich sahen sie, dass sich etwas verändert hatte. „Wer hat auf meinem Stühlchen gesessen?", „Wer hat von meinem Tellerchen genommen?", „ Wer hat mit meinem Gäbelchen gegessen?", „Wer hat aus meinem Becherlein getrunken?", fragten sie, bis einer das schlafende Schneewittchen entdeckte.

Schnell standen alle um das Bettchen herum und beleuchteten mit ihren Laternen das schlafende Schneewittchen. Ach, war das ein schönes Kind! Sie konnten sich gar nicht satt sehen, bis Schneewittchen endlich aufwachte und den Zwergen erzählte, wie es ihr bei der bösen Stiefmutter ergangen war.

„Ach bitte, bleib bei uns!", riefen die Zwerge. „Du kannst unseren Haushalt machen; hier bist du in Sicherheit!"

Da war Schneewittchen aber froh. Sie sorgte für die sieben Zwerge, kochte und nähte für sie und war glücklich.

Im Schloss aber war die Königin zufrieden, dass kein Schneewittchen mehr da war.

Siegessicher stellte sie sich von ihren Spiegel und fragte:

Spieglein, Spieglein an der Wand,
wer ist die Schönste im ganzen Land?

Wie zornig wurde sie aber, als der Spiegel antwortete:

Frau Königin, Ihr seid die Schönste hier.
Aber Schneewittchen hinter den sieben Bergen bei den sieben Zwergen ist noch tausendmal schöner als Ihr!

Da wusste sie, dass der Jäger sie betrogen hatte und beschloss, die Sache selbst in die Hand zu nehmen. Sie vergiftete einen Apfel, verkleidete sich als Bäuerin und machte sich mit einem Korb voller Äpfel auf den Weg zu den sieben Bergen. Als sie das Häuschen der Zwerge gefunden hatte, klopfte sie an und rief: „Schöne Äpfel zu verkaufen! Schöne Äpfel zu verkaufen!" Als Schneewittchen zum Fenster heraus sah, sagte die falsche Bäuerin: „Wollt Ihr mal probieren?", und reichte Schneewittchen den vergifteten Apfel. Kaum hatte Schneewittchen hinein gebissen, fiel sie tot um. Die böse Königin freute sich und zog ab.

Wie weinten die sieben Zwerge, als sie nach Hause kamen und Schneewittchen leblos auf dem Boden fanden. Sie kauften einen gläsernen Sarg, legten Schneewittchen hinein und trugen sie vor das Haus.

Da kam ein junger Königsohn vorbei, der hatte noch nie ein so schönes Gesicht gesehen und bat die Zwerge, den Sarg in seinem Schloss aufbahren zu dürfen. Die Zwerge waren einverstanden. So rief der Königsohn seine Diener und befahl ihnen, den gläsernen Sarg mit Schneewittchen in sein Schloss zu tragen. Da stolperte einer, und von dem Ruck fuhr das giftige Apfelstück, das Schneewittchen gegessen hatte, aus ihrem Hals. Schneewittchen schlug die Augen auf und rief: „Wo bin ich?"

Was sagte da der Königsohn? Richtig. Er sagte: „Du bist auf dem Weg zu meinem Schloss und sollst meine liebe Gemahlin werden."

Die Hochzeit wurde mit großer Pracht gefeiert und alle sieben Zwerge wurden eingeladen.

Die böse Königin aber ärgerte sich so sehr, dass sie schließlich an ihrer Wut erstickte. Schneewittchen und der Königsohn aber lebten glücklich, und wenn sie nicht gestorben sind, *so leben sie noch heute.*

15.1.1 Gespräch über Spiegel

Haben Sie heute schon in den Spiegel geschaut? Wo? Im Badezimmer? Im Schlafzimmer? Wo werden heute die Spiegel in der Wohnung angebracht?

Wenn wir in den Spiegel schauen, erkennen wir uns selbst. Ist das auch bei kleinen Kindern so? Wie reagieren Tiere, z. B. Hunde, auf Spiegel?

Seit wann gibt es eigentlich Spiegel?

Schon lange, ehe Spiegel erfunden wurden, haben Menschen sich gespiegelt. Wie ist das möglich? Sie haben in einen See geschaut oder in eine Schale mit Wasser. Die Ägypter erfanden dann den Handspiegel, indem eine Metallscheibe aus Bronze oder Kupfer so lange glatt geschliffen wurde, bis man sich darin spiegeln konnte. Reichen Frauen gab man einen solchen Spiegel mit ins Grab.

Die Römer konnten schon sehr gut mit Glas umgehen und entdeckten, dass man mit Metalllegierungen aus Gläsern Spiegel machen konnte.

Im Mittelalter war die Spiegelherstellung eine Angelegenheit der Glasbläser. In die noch glühende Glaskugel wurden Metalllegierungen geblasen. Nach dem Erkalten konnte der Glasballon zerschnitten werden. So erhielt man mehrere konvexe (leicht gewölbte) Spiegel.

Bis zum 19. Jahrhundert wurde vorwiegend Quecksilber für die Herstellung von Spiegeln verwendet, ab dem 19. Jahrhundert Silber.

Heute kann sich jeder einen Spiegel leisten. Früher nur reiche Leute. 1683 standen ein Spiegel und ein Gemälde von Rubens zum Verkauf. Der Spiegel kostete dreimal so viel wie das Gemälde.

Der „Sonnenkönig“ Ludwig XIV. demonstrierte 1684 seinen unermesslichen Reichtum, indem er in sein Schloss in Versailles eine Wand aus 17 riesigen Spiegeln bauen ließ, die aus 350 einzelnen Spiegelflächen zusammengesetzt waren.

15.1.2 Experimente mit Spiegel

Wir brauchen: 1 Spiegel, dazu für jeden ein Blatt Papier und einen Stift.

Spiegel zeigen alles seitenverkehrt, aber wir merken das gar nicht, weil wir uns so daran gewöhnt haben. Wenn man aber etwas Geschriebenes spiegelt, merkt man es sofort. Es gab intelligente Menschen wie z. B. Leonardo da Vinci, die schrieben in Spiegelschrift, damit sie niemand lesen konnte, außer er hätte einen Spiegel besessen.

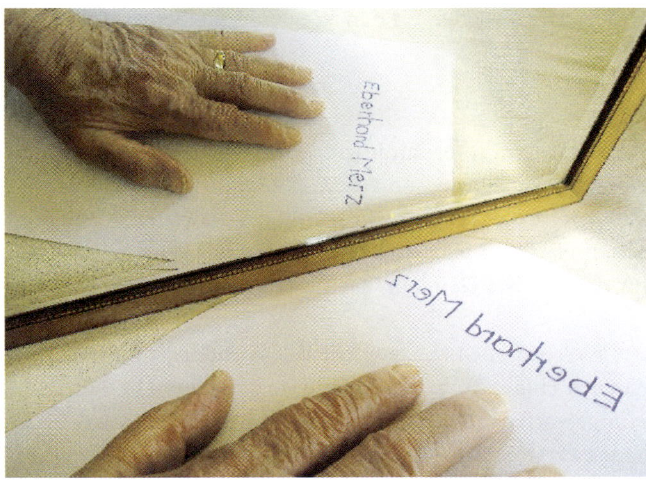

Bitte mal in Großbuchstaben HUT oder MUT oder AUTO oder TOTO rückwärts schreiben und spiegeln. Schwieriger wird es mit Buchstaben, die nicht symmetrisch sind:

Wer es kann, soll den Namen eines Anwesenden spiegelverkehrt schreiben und dann spiegeln.

15.1.3 Geschichten vom Spiegel

Auch die Chinesen hatten schon Spiegel aus Metall. Man hat sie zum Schutz vor dem Bösen aufgestellt. Denn wenn das Böse kommt und sich im Spiegel sieht, wird es so erschrecken, dass es fluchtartig das Weite sucht, glaubte man.

15.1.4 Spiegel und Hund

Als ich nach Hause kam, stand mein kleiner Hund vor der Verandatür, wedelte mit dem Schwanz und gab auch sonst lauter Zeichen der Freude von sich. Nanu, sollte da ein Gast im Haus sein, den er kennt? Nein, er hat sich in der Glastür gespiegelt und fand sein Ebenbild offensichtlich sehr sympathisch.

15.2 Der Wolf und die sieben jungen Geißlein

Macht auf, ihr lieben Kinder,
eure Mutter ist da und hat jedem von euch etwas mitgebracht!

Es war einmal eine Geiß, die hatte sieben junge Geißlein. Eines Tages musste sie weg, um Futter zu holen. Ehe sie ging, schärfte sie ihren Kindern ein, auf keinen Fall jemanden in der Wohnung zu lassen: „Vor allem hütet euch vor dem bösen Wolf, der verstellt sich oft, damit ihr ihm die Tür öffnet und er euch alle fressen kann!“ Die Kinder versprachen, keinem Fremden die Tür zu öffnen, und die Mutter machte sich auf den Weg.

Es dauerte nicht lang, und da klopfte jemand an die Tür und rief:

Macht auf, ihr lieben Kinder,
eure Mutter ist da und hat jedem von euch etwas mitgebracht!

Aber die Geißlein merkten gleich, dass das nicht die Stimme ihrer Mutter war.

„Unsere Mutter hat eine feine, helle Stimme, aber deine ist dunkel und rau; du bist der Wolf!“

Da ging der Wolf zum Krämer und kaufte sich ein Stück Kreide. Die fraß er und machte damit seine Stimme hell und fein. Schnell ging er zurück zum Haus der Geißen und rief mit heller Stimme:

Macht auf, ihr lieben Kinder,
eure Mutter ist da und hat jedem von euch etwas mitgebracht!

Beinahe hätten die Geißlein die Tür geöffnet, wenn nicht plötzlich eines der Geißlein die schwarze Pfote des Wolfs durchs Fenster gesehen hätte.

Schnell rief es: „Du bist nicht unsere Mutter, du hast ja eine schwarze Pfote! Du bist der Wolf!“

Da ging der Wolf zum Bäcker und tauchte seine Pfote in eine Schüssel mit Mehl, damit sie weiß aussah. Schnurstraks machte er sich damit wieder auf den Weg zum Geißenhaus und rief mit heller Stimme:

Macht auf, ihr lieben Kinder,
eure Mutter ist da und hat jedem von euch etwas mitgebracht.

Die Geißlein aber riefen: „Zeig uns erst deine Pfote, damit wir sehen, dass du nicht der Wolf bist.“ Der Wolf hielt seine mehlige Pfote vor das Fenster, und die Geißlein öffneten die Tür.

Wie erschraken sie aber, als sie sahen, dass der Wolf herein stürmte. Verzweifelt versuchten sie sich zu verstecken, unter dem Tisch, im Bett, hinter dem Schrank, aber der Wolf fand sie alle und schluckte sie gierig hinunter. Nur das kleinste Geißlein, das sich im Uhrenkasten versteckt hielt, blieb verschont.

Mit vollem Bauch schleppte sich der Wolf auf eine nahe gelegene Wiese und legte sich schlafen.

Inzwischen kam die Geißenmama nach Hause. Ach, was musste sie da sehen! Die Tür stand sperrangelweit auf, die Möbel waren umgeworfen, die Kissen und Decken aus den Betten durcheinander gewühlt und auf dem Fußboden verstreut, und keines ihrer Kinder war mehr zu sehen.

„Mama! Ich stecke im Uhrenkasten!“, vernahm sie plötzlich die Stimme ihres Jüngsten. Sie holte ihn heraus und erfuhr, was geschehen war. Ihr könnt euch denken, wie sehr sie geweint hat.

Aber als sie hinaustrat auf die Wiese, wen sah sie da liegen? Den Wolf. Der lag da in tiefem Schlummer und schnarchte. Und wie sie genauer hinsah, bemerkte sie, dass sich im dicken Bauch des Wolfs etwas bewegte.

Schnell holte sie Schere, Nadel und Faden und schnitt dem Wolf den Bauch auf. Und tatsächlich sprang ein Geißlein nach dem anderen lebendig aus dem Bauch heraus. Den leeren Bauch füllten sie schnell mit Steinen, und die Geißenmama nähte ihn rasch wieder zu.

Da endlich erwachte der Wolf. Er hatte einen Riesendurst und schleppte sich zum Brunnen. Dabei brummte er:

Was rumpelt und bumpelt in meinem Bauch herum?

Als er sich aber zum Brunnen bückte und trinken wollte, zogen ihn die schweren Steine hinunter und er ertrank.

Als das die Geißlein sahen, tanzten sie mit ihrer Mutter um den Brunnen herum und sangen: „Der Wolf ist tot, der Wolf ist tot, vorbei ist alle Angst und Not!"

15.2.1 Singen

Auf die Melodie „Ein Vogel wollte Hochzeit feiern" lässt sich auch das Lied der Geißlein singen: Der Wolf ist tot, der Wolf ist tot, vorbei ist alle Angst und Not, fidirallala …

15.2.2 Suchspiel

Irgendwo im Zimmer ist gut sichtbar ein Fingerhut platziert. Wer hat Augen wie ein Wolf und kann ihn entdecken?

15.2.3 Kreide gefressen

Woher stammt eigentlich der Ausdruck: „Der hat Kreide gefressen", und was bedeutet er?

Einen ungewöhnlich milden, harmlosen Umgangston an den Tag legen, plötzliche Friedfertigkeit vorspielen.[6]

15.3 Brüderchen und Schwesterchen

Wer aus mir trinkt, der wird ein Reh!

Zwei Kinder, ein Brüderchen und ein Schwesterchen, hatten keine Eltern mehr und zogen in die weite Welt, um eine neue Heimat zu finden. Sie kamen in einen großen Wald, und als es Abend wurde, legten sie sich auf ein Mooslager und schliefen ein.

Als sie erwachten, stand die Sonne schon hoch am Himmel und Brüderchen hatte mächtig Durst, „Komm, Schwesterchen", sagte er, „lass uns ein Bächlein suchen. Ich muss etwas trinken!"

Eine böse Hexe aber hatte alle Quellen und Bäche im Wald verwünscht.

Und als die Kinder nun glücklich ein Bächlein gefunden hatten und trinken wollten, hörten sie, wie das Bächlein murmelte:

„Wer aus mir trinkt, der wird ein Tiger! Wer aus mir trinkt, der wird ein Tiger!"

„Hier darfst du nicht trinken!", rief das Schwesterchen, „sonst wirst du ein Tiger.", rief sie und zog es vom Bach weg.

Eines Tages veranstaltete der König eine Jagd in dem Wald, in dem Rehlein mit dem schönen Halsband gerade vor dem Haus herum sprang. Der König setzte ihm nach und sah, dass es im Haus verschwand.

Brüderchen bezähmte seinen Durst und wanderte mit Schwesterchen weiter, bis sie ein anderes Bächlein fanden. Aber als sie daraus trinken wollten, hörten sie wieder eine Stimme, die flüsterte:

„Wer aus mir trinkt, der wird ein Wolf! Wer aus mir trinkt, der wird ein Wolf!"

„Hier dürfen wir auch nicht trinken!", rief das Schwesterchen, aber Brüderchen hatte solchen Durst, dass er sich nicht davon abhalten lassen wollte. Als aber das Schwesterchen weinte und sagte:" Wenn du ein Wolf wirst, frisst du mich auf!", bezwang er seinen Durst und ging mit seinem Schwesterchen weiter.

Endlich kamen sie an eine Quelle. Gierig rannte Brüderchen darauf zu. Aber Schwesterchen hörte, wie die Quelle sang:

„Wer aus mir trinkt, der wird ein Reh! Wer aus mir trinkt, der wird ein Reh!"

---

6 www.redensarten-index.de

„Trink nicht!“, rief das Schwesterchen. Aber ihr kleiner Bruder konnte sich nicht mehr beherrschen, trank aus der Quelle und stand augenblicklich als Reh vor ihr. Da weinte das Schwesterchen, und das Rehlein weinte mit, aber es blieb immer an der Seite seiner Schwester. Sie flocht ihm aus Binsen ein schönes Halsband, und sie gingen weiter und weiter.

Schließlich kamen sie zu einem kleinen Haus, das stand leer. „Hier können wir bleiben“, sagte das Schwesterchen. Tagsüber sammelten sie Beeren und Nüsse, und abends legte das Schwesterchen den Kopf auf das Rehlein zum Schlafen.

Eines Tages veranstaltete der König eine Jagd im Wald. Das Rehlein war gerade draußen, um Gras zu fressen. Als der König das Rehlein entdeckte, folgte er ihm bis zu dem Häuschen, in das das Rehlein geflüchtet war. Der König klopfte an die Tür, und als er das wunderschöne Mädchen erblickte, das ihn herein bat, verliebte er sich augenblicklich in sie und machte ihr einen Heiratsantrag.

„Komm mit mir auf mein Schloss!“, sagte er. „Sehr gerne!“, antwortete das Schwesterchen, „aber mein Rehlein muss mit!“

So wurde die Hochzeit mit großer Pracht gefeiert. Das Rehlein wurde gehegt und gepflegt und sprang fröhlich im Schlossgarten umher, bis es eines Tages von seiner Verwünschung erlöst wurde. Und bestimmt hat ihn sein königlicher Schwager gleich zum Minister ernannt.

15.3.1 Ein Halsband oder Armband flechten

Für ein Armband (Freundschaftsband) brauchen wir 3 ca. 40 cm lange, dicke Wollfäden oder Bändchen, möglichst in verschiedenen Farben. Die 3 Teile verknoten und das verknotete Ende entweder festhalten lassen oder irgendwo befestigen, z. B. es unter einen Stein oder eine volle Dose schieben oder in eine Schublade einklemmen. Dann einen Zopf flechten. Den Zopf um ein Handgelenk legen und das Ende mit dem Beginn verknoten.

15.3.2 Gespräch über Suchtkranke

Wie alle Märchen greift auch die Geschichte von Brüderchen und Schwesterchen eine Situation auf, die die Menschen zu allen Zeiten in allen Ländern kennen, nämlich die Situation mit Suchtkranken. Wenn jemand alkoholsüchtig ist, gibt es immer jemanden, und sei es das eigene Gewissen, der warnt: „Trink nicht! Es tut dir nicht gut! Du veränderst dich im Rausch!“ Und doch kann der Kranke oft nicht widerstehen.

Wer hat so etwas schon erlebt oder gelesen und kann davon berichten?

15.4 Hänsel und Gretel

Knusper, knusper, Knäuschen
Wer knuspert an meinem Häuschen?

Die Geschichte fängt traurig an: Eine Familie, Vater, Stiefmutter und zwei Kinder sind so arm, dass sie nichts mehr zu essen haben. Und damit das Wenige, was noch aufgetrieben werden kann, wenigstens die Erwachsenen vor dem Hungertod rettet, möchte die Stiefmutter die Kinder loswerden. Sie hat auch schon eine Idee: Hänsel und Gretel sollen in den Wald geführt und dort zurück gelassen werden, sodass sie nicht mehr nach Hause finden.

Natürlich ist der Vater dagegen, aber die Stiefmutter setzt ihn so lange unter Druck, bis sie schließlich ihren Willen durchsetzt.

Am nächsten Tag soll der Plan in die Tat umgesetzt werden.

Aber Hänsel, der das Gespräch zwischen Vater und Stiefmutter mit angehört hat, weiß Rat. Er sammelt in der Nacht weiße Kieselsteine, die er am nächsten Morgen auf dem Weg in den Wald nach und nach fallen lässt. So markiert er den Weg, und die Kinder finden wieder nach Hause.

Aber damit ist die Geschichte noch nicht zu Ende. Die Stiefmutter sann weiter nach einer Möglichkeit, die Kinder los zu werden. Beim nächsten Gang in den Wald passte sie auf, dass Hänsel nicht wieder Markierungssteinchen in seiner Tasche hatte. So blieb Hänsel nichts anderes übrig, als das Stückchen Brot, das er für den Weg bekommen hatte, zu opfern und mit Brotkrümeln den Weg zu markieren.

Aber als sie später den Weg nach Hause antreten wollten, waren die Krümel verschwunden. Die Vögel hatten sie aufgepickt. So verirrten sich Hänsel und Gretel immer tiefer im Wald.

Als sie sehr lange gegangen waren, standen sie plötzlich vor einem Häuschen, das war aus Lebkuchen gebacken, und die Fenster waren aus Zucker. Heißhungrig fingen sie an, an dem Häuschen zu knabbern. Und als sie eine Stimme hörten, die sagte

Knusper, knusper knäuschen,
wer knuspert an meinem Häuschen?

antworteten sie fröhlich:

Der Wind, der Wind, das himmlische Kind!

Und aßen weiter.

Auf einmal humpelte eine alte Frau aus dem Haus und bat die Kinder freundlich herein.

Die Alte war aber eine Hexe, die die Kinder verspeisen wollte. Weil die beiden aber so mager waren, wurde Hänsel erst einmal in einen Stall gesperrt, Gretel sollte ihn mästen, damit er fett würde. Jeden Tag ging die Hexe zum Käfig und wollte an Hänsels Finger fühlen, ob er schon fett geworden sei. Hänsel aber streckte statt seines Fingers ein Stöckchen durch Gitter, und die Hexe ärgerte sich jeden Tag darüber, dass Hänsel trotz des guten Essens immer noch „Haut und Knochen" war, wie sie glaubte.

Schließlich wurde es ihr zu dumm und sie befahl Gretel, den Backofen anzufeuern, um Hänsel braten zu können, ob er nun fett sei oder mager.

Aber als die Hexe in den Ofen schaute um zu prüfen, ob das Feuer ordentlich loderte, gab ihr Gretel einen Stoß und die Hexe verbrannte.

Nun waren die Kinder befreit. Im Hexenhäuschen fanden sie mehr Gold und Edelsteine, als sie tragen konnten. Damit machten sie sich auf den Weg und kamen nach einiger Zeit tatsächlich wieder zuhause an.

Dort hatte der Vater keine ruhige Stunde mehr gehabt, seit er seine Kinder im Stich gelassen hatte. Die Stiefmutter war längst weggezogen, und nun hatten alle Sorgen ein Ende, und der Vater lebte glücklich mit seinen Kindern, und alle hatten immer genug zu essen.

Und wenn sie nicht gestorben sind, so leben sie noch heute.

15.4.1. Das Lied von Hänsel und Gretel

Hänsel und Gretel verliefen sich im Wald.
Es war so finster und auch so bitterkalt.
Sie kamen an ein Häuschen von Pfefferkuchen fein.
Wer mag der Herr wohl von diesem Häuschen sein?

Huhu, da schaut eine alte Hexe raus.
Die lockt die Kinder ins Pfefferkuchenhaus.
Sie stellte sich gar freundlich, o Hänsel, welche Not:
Sie will dich braten im Ofen braun wie Brot!

Doch als die Hexe zum Ofen schaut hinein
Ward sie gestoßen von uns'rem Gretelein.

Die Hexe musste brennen, die Kinder gehen nach Haus.
Nun ist das Märchen von Hans und Gretel aus.

15.4.2 Wie finden Hänsel und Gretel nach Hause?

Blätter mit gedrucktem Labyrinth gibt es in vielen Variationen käuflich zu erwerben. Man kann aber auch leicht ein Straßengewirr aufzeichnen, auf dem mit dem Finger oder mit einem Bleistift der richtige Weg gefunden wird.

15.5 Frau Holle

Kikeriki! Die goldene Jungfrau ist wieder hie!

Es war einmal eine Witwe, die hatte zwei Töchter. Die eine war schön und fleißig, die andere aber hässlich und faul. Die Mutter hatte aber die hässliche und faule viel lieber, und die andere musste alle Arbeit machen und den ganzen Tag Wolle spinnen. Und als ihr eines Tages beim Saubermachen eine Spule in den Brunnen fiel, befahl ihr die Mutter hartherzig, die Spule zurück zu holen. Der Brunnen aber war sehr tief, und als das Mädchen in seiner Verzweiflung hinein sprang, verlor es die Besinnung.

Als sie wieder zu sich kam, stand sie auf einer wunderschönen Blumenwiese in der Sonne. Sie machte sich auf den Weg und kam zu einem Backofen und hörte, wie das Brot rief:

Zieh mich raus! Zieh mich raus! Ich bin schon längst fertig gebacken!

Da holte das Mädchen mit einem Brotschieber alle Brote heraus, stapelte sie ordentlich und setzte ihren Weg fort.

Bald darauf kam sie zu einem Apfelbaum, der rief:

Ach schüttel mich! Schüttel mich! Meine Äpfel sind alle miteinander reif!

Das schüttelte das Mädchen den Baum so lange, bis alle Äpfel herunter gefallen waren. Sie sammelte alle ein und legte sie vorsichtig auf einen Haufen, ehe sie weiterging.

Endlich kam sie zu einem Haus, da schaute ein Frau zum Fenster heraus, die sagte: „Du kannst bei mir bleiben, wenn du alle Arbeit richtig machst. Vor allem musst du mein Bett so kräftig schütteln, dass die Federn fliegen, denn dann schneit es auf der Erde. Ich bin die Frau Holle.

Gern blieb das Mädchen bei Frau Holle, arbeitete fleißig und hatte es gut bei ihr. Trotzdem bekam sie nach einiger Zeit Heimweh nach der Heimat. Frau Holle hatte Verständnis dafür, nahm sie an der Hand und führte sie zum Tor der Welt. Und als das Mädchen durch das Tor trat, regnete es Gold, das an ihr hängen blieb. „Das ist dein Lohn, weil du so fleißig warst“, sagte Frau Holle, und gab ihr auch die Spule wieder, die in den Brunnen gefallen war.

Da stand das Mädchen plötzlich wieder auf der Welt, gar nicht weit vom Haus seiner Mutter. Und als es den Hof betrat, rief der Hahn:

Kikeriki! Unsre goldene Jungfrau ist wieder hie!

Nun musste sie der Mutter erzählen, was sie erlebt hatte und wie sie zu so viel Gold gekommen war. Die Mutter wollte ihrer anderen Tochter nun das gleiche Glück verschaffen und befahl ihr, sich ebenfalls in den Brunnen zu stürzen.

Das Mädchen tat, wie ihr befohlen war, und kam wie die Schwester auf einer schönen Wiese wieder zu sich. Sie ging ihres Weges und kam zu dem Backofen, aus dem das Brot rief:

Ach zieh mich raus! Zieh mich raus! Ich bin schon längst fertig gebacken!

Das Mädchen antwortete: „Da wär‘ ich schön blöd! Ich könnte mir ja die Finger schmutzig machen“ und ging weiter.

Da kam es zu dem Apfelbaum, der hing wieder voller Äpfel und rief:

Ach schüttel mich! Schüttel mich! wir Äpfel sind alle miteinander reif!

„Da wär ich schön blöd“, sagte das Mädchen, „es könnte mir ja einer auf den Kopf fallen!“ Und ging weiter.

So kam sie auch zum Haus der Frau Holle und begab sich in ihren Dienst.

Am ersten Tag gab sie sich noch ein wenig Mühe beim Bettenschütteln, aber schon am zweiten Tag hatte sie keine Lust mehr, und am dritten wollte sie schon garnicht aufstehen und lieber im Bett liegen bleiben, statt zu arbeiten.

Als dann Frau Holle erklärte, sie können nun wieder gehen, war sie froh und erwartete den Goldregen.

Aber als sie durchs Tor trat, regnete es Pech statt Gold. „Das ist der Lohn für deine Faulheit!“ sagte Frau Holle und schickte sie nach Hause.

Und wie sie auf den Hof kam, rief der Hahn:

Kikeriki! Unsre schmutzige Jungfrau ist wieder hie!

Das Pech aber blieb an ihr hängen und wollte nicht abgehen, solange sie lebte.

15.5.1 Faul und fleißig (A, B)

Adjektive ersetzen: Man kann auch sagen …

Gemeinsam Alternativen zu einem Eigenschaftswort suchen:

fleißig	emsig, tüchtig, arbeitsam, unermüdlich, rastlos
faul	müßig, arbeitsscheu, tatenlos, untätig, bequem
schön	hübsch, wunderbar, bezaubernd, zauberhaft
hässlich	scheußlich, reizlos, garstig, abstoßend
sauber	gewaschen, rein, fleckenlos, tipptopp, makellos
alt	betagt, hochbetagt, ergraut, uralt, älter
freigebig	großzügig, spendabel, nobel, gebefreudig
unfreundlich	barsch, mürrisch, schroff, unhöflich, grob
traurig	unglücklich, trostlos, betrübt, schwermütig
reich	vermögend, wohlhabend, begütert

Das Gegenteil von … (B, C)
Um Gegensätze geht es in dem Märchen. Das eine Mädchen ist fleißig und schön, das andere Mädchen ist hässlich und faul.

Gemeinsam Gegensätze zu einem Adjektiv suchen (A)

heiß	kalt
niedrig	hoch
dick	dünn
leicht	schwer
lang	kurz
gesund	krank
lieb	böse
hell	dunkel
schmal	breit
mager	fett
trüb	klar
fremd	bekannt
langsam	schnell
ängstlich	mutig

15.6. Rumpelstilzchen

Heute koch ich, morgen back ich,
übermorgen hole ich der Königin ihr Kind.
Ach wie gut, dass niemand weiß,
… (dass ich Rumpelstilzchen heiß).

Es gibt Väter, die geben mit ihren Kindern schrecklich an. Kennt Ihr das? Das Märchen, das ich jetzt erzählen will, handelt auch von so einem Vater. Seine schöne Tochter könne einfach alles, behauptete der Mann, sogar Stroh zu Gold spinnen. Dummerweise erfuhr das der König. Und wie alle Könige brauchte der dringend Gold. Also ließ er die schöne Tochter in sein Schloss holen, sperrte sie in eine Kammer voll Stroh und befahl ihr, daraus Gold zu machen. Es half dem Mädchen nichts, dass es weinte und immer wieder rief:

„Das kann ich doch nicht!" Der König war sie sich sicher: „Die will nur nicht!"

Und drohte damit, sie zu töten, wenn sie kein Gold liefern würde.

Da saß nun das arme Mädchen vor dem großen Strohhaufen und weinte bitterlich.

Plötzlich stand da ein kleines Männlein vor ihr, das sprach: „Was gibst du mir, wenn ich dir helfe?" „Meine schöne Halskette!", sagte das Mädchen. Damit war das Männlein einverstanden. Es nehm die Kette, und schnurr, schnurr, schnurr verwandelte sich das ganze Stroh in Gold.

Wie freute sich der König, als er am nächsten Morgen die Kammer aufschloss und das Gold sah. „Ich wusste doch, dass du das kannst!", rief er, und gleich tat es ihm leid, dass er nicht noch viel mehr Stroh in der Kammer aufgehäuft hatte. Aber er wusste Rat: Gleich ließ er einen ganzen Saal mit Stroh füllen und befahl dem Mädchen, auch dieses in Gold zu verwandeln. Wieder saß das Mädchen verzweifelt vor dem Stroh und wusste sich nicht zu helfen. Da stand plötzlich wieder das Männlein vor ihr und fragte wieder: „Was gibst du mir, wenn ich dir noch einmal helfe?" „Meinen schönen Fingerring!" Wieder war das Männlein einverstanden und wieder machte es schnurr, schnurr, schnurr, das ganze Stroh zu Gold.

Nun hätte der König doch zufrieden sein können. Er war doch mit dem vielen Gold steinreich. Aber so ist das manchmal mit den Reichen: Auch wenn sie schon alles haben, wollen sie immer noch mehr haben. So war es auch bei dem König, als er zu dem Mädchen sagte: „Einmal noch musst du mir einen Saal voll Stroh zu Gold machen. Danach heiraten wir und du wirst Königin." Sprach's und sperrte das Mädchen zum dritten Mal ein in einen noch größeren Saal voll Stroh.

Und woher kam die Rettung? Richtig, von dem Männlein, das wieder vor ihr stand und fragte: „Was gibst du mir, wenn ich dir helfe?" „Ich habe doch nichts mehr, das ich dir geben könnte!", schluchzte das Mädchen. „So versprich mir, wenn du Königin wirst, dein erstes Kind!", verlangte das Männchen. Ach, ich habe ja gar kein Kind, und wer weiß, was morgen geschieht, dachte das Mädchen und willigte ein.

Und wieder machte das Männlein schnurr, schnurr, schnurr das ganze Stroh zu Gold. Nun war der König endlich zufrieden, und die Hochzeit wurde mit großer Pracht gefeiert. Geld war ja nun im Überfluss vorhanden.

Nach einem Jahr bekam die junge Königin ein Kind, Und als sie es gerade voller Glück hin- und hertrug, stand plötzlich das Männlein wieder vor ihr und forderte das Kind. „Du hast es mir versprochen, es gehört mir!"

Ach wie verzweifelt war da die junge Mutter. Alles, alles, was ich habe, gebe ich dir, aber lass mir mein Kind! Ich wusste doch damals in meiner Not gar nicht, was ich da verspreche!" Und sie weinte und weinte so herzzerbrechend, dass das Männlein schließlich sagte: „Also gut, ich gebe dir eine Chance. Wenn du innerhalb von drei Tagen herausfindest, wie ich heiße, kann du dein Kind behalten."

Da schickte die Königin viele Leute ins Land, die sollten nach seltenen Namen forschen, und als abends das Männlein wieder kam, sagte sie alle diese Namen auf. Aber das Männlein lachte nur böse und sagte höhnisch: „Nein, so heiß ich nicht!"

Auch am zweiten Tag, als noch viel mehr seltene Namen gesammelt worden waren, antwortete das Männlein mit höhnischem Lachen: „So heiß ich nicht!"

Der Jäger aber, der noch spät in der Nacht tief im Wald auf der Jagd war, sah plötzlich einen kleinen Feuerschein im Dickicht des Waldes. Vorsichtig schlich er hinzu und sah ein kleines Männlein, das um eine Feuerstelle tanzte und sang:

Heute koch ich, morgen back ich,
übermorgen hole ich der Königin ihr Kind.
Ach wie gut, dass niemand weiß,
dass ich Rumpelstilzchen heiß!

Atemlos rannte da der Jäger zum Schloss und berichtete der Königin, was er gehört hatte.

Als dann am nächsten Tag das Männlein wieder kam und höhnisch fragte:

Na, Frau Königin, wie heiß ich?

Antwortete die Königin: Heißt du vielleicht Leberecht? „Nei-hein!“, lachte das Männchen. „Oder Hinz oder Kunz?“ Das Männlein lachte immer lauter. „Oder heißt du vielleicht Rumpelstilzchen?“ „Das hat dir der Teufel gesagt!“, schrie das Männchen bleich vor Wut und stampfte mit seinem Fuß so heftig auf, dass, der Boden nachgab und das Männlein in einer tiefen Schlucht verschwand. Es wurde niemals wieder gesehen, und wenn die Königin mit ihrem Kind nicht gestorben ist, so lebt sie noch heute.

15.6.1 Namen sammeln im Wettbewerb (oder einfach so) (A, B, C)

Die Anwesenden werden in zwei Gruppen aufgeteilt. Jeder Zuruf eines Männer-Namens wird mit einem Zähl-Gegenstand (Plättchen, Steinchen, Buchstaben) belohnt. Jeder Name wird nur einmal gezählt. Nach einer Minute wird der Sieger ermittelt. Danach das gleiche Spiel mit Frauen-Namen/mit biblischen Namen, mit französischen Namen …

15.6.2 Schöne Ringe (Gespräch) (A, B, C)

Wer hat einen schönen Ring am Finger? Was hat der für eine Geschichte?

Verlobungsring? Ehering? Kann sich noch eine anwesende Frau erinnern, wie sie zu diesem Ring kam? Wer hat schon einmal einen Ring verloren?

15.6.3 Angeber-Wettbewerb (A)

Stellen wir uns vor, wir säßen in einer Kneipe am Stammtisch. Jeder hat ein Glas Bier vor sich, und jeder prahlt mit seinen Kindern. Was könnten wir sagen?

Beispiele:

- Meine Tochter ist so schön, dass sich alle Leute nach ihr umdrehen…
- Meine Tochter kann so gut tanzen, dass anderen Tänzer die Tanzfläche verlassen, um ihr zuzuschauen…
- Meine Tochter ist die beste Köchin von der ganzen Stadt…
- Meine Tochter hat nur Einsen im Zeugnis gehabt…
- Meine Tochter bekommt fast täglich einen Heiratsantrag…
- Mein Sohn spielt so gut Fußball, dass der Bundestrainer ihn in die 1. Mannschaft holen will …

15.6.4 Sprichwörter (A, B, C)

a) zum Thema Gier (der König und das Gold):
Je mehr er hat, je mehr er will
Nie schweigen seine Wünsche still!

b) zum Thema Gold:
Es ist nicht alles Gold, was glänzt.
Eigener Herd ist Goldes wert.
Morgenstund hat Gold im Mund.

15.7 Rotkäppchen

Aber Großmutter, was hast du für große Ohren?

Welche Mutter hat nicht schon ihrem Kind eingeschärft, nicht vom rechten Weg abzuweichen. Welche Mutter hat nicht die Tochter schon gewarnt vor dem Verführer, der so freundlich tut und doch Böses im Schilde führt … Davon handelt das Märchen vom Rotkäppchen.

Rotkäppchen wurde ein kleines Mädchen genannt, das am liebsten Tag und Nacht das rote Mützchen (Käppchen) aufbehielt, das die Großmutter ihm einmal geschenkt hatte.

Diese Großmutter wohnte ganz allein in einem Häuschen im Wald, und als sie einmal krank war, schickte die Mutter Rotkäppchen mit einem Kuchen und einer Flasche Wein zur Großmutter.

„Aber dass du mir ja nicht vom Weg abweichst!“, sagte die Mutter, und Rotkäppchen versprach es.

Kaum war das Mädchen ein Stück weit in den Wald hinein gelaufen, da begegnete ihm ein Wolf, der es freundlich grüßte und wissen wollte, wohin es denn wolle. Rotkäppchen erzählte ganz zutraulich, dass es zur Großmutter wolle, die gar nicht weit weg in ihrem Häuschen im Wald wohne. „Ei“, sagte der Wolf „ da würde sie sich doch riesig freuen, wenn du ihr einen Blumenstrauß mitbringen würdest. Schau mal, da hinten ist eine Lichtung, da wachsen die schönsten Blumen!“

Und was macht Rotkäppchen? Es denkt überhaupt nicht mehr daran, was es der Mutter versprochen hat, sondern läuft kreuz und quer durch den Wald und pflückt einen Strauß für die Großmutter.

Der böse Wolf aber wollte nur Zeit gewinnen, weil er nicht nur das Mädchen, sondern auch gleich die Großmutter fressen wollte.

Er ging also zum Haus der Großmutter, die krank im Bett lag, schlang sie gierig hinunter und legte sich ins Bett.

Vorher zog er die Vorhänge zu, damit es ein wenig dunkel war im Zimmer.

Da kam Rotkäppchen an, meinte, die Großmutter liege im Bett, aber sie sah so sonderbar aus.

Aber Großmutter, was hast du für große Ohren?
Damit ich dich besser hören kann!
Aber Großmutter, was hast du für große Augen?
Damit ich dich besser sehen kann!
Aber Großmutter, was hast du für große Hände?
Damit ich dich besser packen kann!
Aber Großmutter, was hast du für ein entsetzlich großes Maul?
Damit ich dich besser fressen kann!

schrie der Wolf, sprang mit einem Satz aus dem Bett und schlang auch Rotkäppchen hinunter.

Nun war er satt und müde, legte sich wieder ins Bett und fing an, entsetzlich zu schnarchen.

Da kam der Jäger am Haus vorbei, der hörte das Schnarchen und wusste gleich, dass keine Großmutter so schnarcht. Er ging hinein und fand den Wolf. Schnell schnitt er ihm den Bauch auf, und da kam Rotkäppchen heraus gesprungen, und nach ihr auch die Großmutter.

Jetzt aßen sie alle den Kuchen und tranken den Wein und erholten sich von dem Schrecken.

Rotkäppchen aber ist seitdem immer auf dem Weg geblieben, wie es die Mutter verlangt hat.

15.7.1 Gemeinsame Klebearbeit: Rotkäppchen und der Wolf im Wald (A, B, C)

Wir brauchen: Seidenpapier in verschiedenen Farben, Zeichenblock-Papier, Leim.

Für jeden Teilnehmer eine Figur auf dem Blatt skizzieren: Rotkäppchen, Wolf, Bäume, Häuschen.

Aus dem Seidenpapier kleine Stücke abreißen und zu einer kleinen Kugel zerknüllen. Die skizzierte Figur mit Leim bestreichen und die Papierkügelchen drauf drücken.

Wer keine Figur kleben will, kann vielleicht helfen, Papierkügelchen herzustellen.

Es ist natürlich auch möglich, kleine glatte Papierfetzen auf das mit Leim bestrichene Feld zu kleben.

Alle fertigen Figuren werden nach dem Trocknen ausgeschnitten und auf ein größeres Papier geklebt. So entsteht das Poster „Rotkäppchen".

16 Erinnerungen

Welche Objekte, die heute nicht mehr in Gebrauch sind, kennen die Tagesgäste noch aus eigener Erfahrung? Die jetzt noch Lebenden kennen z.B. noch die Wärmflasche aus Kupfer, den Fleischwolf aus Eisen, die Kaffeemühle aus Holz, das Einmachglas, das Telefon mit Drehscheibe, den ledernen Schulranzen, das Essgeschirr für die Schulspeisung, die Schiefertafel, die Mullwindeln und Wickeltücher für Säuglinge… In zehn Jahren werden es andere Gegenstände sein, die der jeweils jüngeren Generation dann nicht mehr vertraut sind.

16.1 Koffer der Erinnerungen (A, B, C)

Aus einem mitgebrachten Koffer wird ein Schulranzen, eine Schiefertafel, Schwamm und Läppchen, Griffel, vielleicht eine alte Fibel oder ein Gefäß mit Henkel für die Schulspeisung nach dem Krieg ausgepackt. Wer sich erinnert, kann erzählen oder freut sich still, die alten Gegenstände wieder einmal in der Hand zu halten.

16.2 Säuglingspflege damals (A, B, C)

Eine Baby-Puppe, Mullwindeln, Wickeltücher, Nabelbinden, Puder… liegen auf dem Tisch. Eine alte Dame wird gebeten, zu zeigen, wie sie damals ihre Kinder gewickelt hat. Andere schauen zu.

16.3 Kaffee kochen wie früher (A, B, C)

Kaffeebohnen werden in einer Kaffeemühle aus Holz gemahlen. (Mühle reihum gehen lassen). Filter und Filterpapier bereitstellen, Kaffee aufbrühen und einschenken. Vielleicht bringt jemand eine Sammeltasse dafür mit?

16.4 Erinnerungen an die eigene Hochzeit (A, B, C)

Mitgebrachte Hochzeitsfotos betrachten
Eine Betreuerin bringt ihr eigenes Brautkleid mit und zieht es an.
Ein Brautschleier wird herumgereicht.

16.5 Erinnerungen an den Jahrmarkt (Kerve) (A, B, C)

Schokoküsse, die früher „Mohrenköpfe" genannt wurden, oder Zuckerwatte wecken alte Erinnerungen an Freuden der Kindheit.

16.6 Ein Karton voller Schuhe (A, B, C)

Wanderstiefel, Pumps mit sehr hohen Absätzen, Fußballschuhe …
Da stellen sich die Geschichten wie von selbst ein.

16.7 Meine liebste Puppe

Besonders schöne Puppen bekam man nur an Weihnachten zum Spielen. Im Laufe des Januars wurden sie wieder weggeräumt bis zum nächsten Weihnachtsfest. Bei wem war das so?

16.7 Poesiealbum (A, B)

Ein altes Poesie-Album herum reichen. Wer hatte ein solches Album? Wer durfte reinschreiben? Was wurde geschrieben? Wer kennt noch einen Spruch aus dem Album?

> Rosen, Tulpen, Nelken
> Alle drei verwelken,
> nur das eine welket nicht,
> welches heißt Vergissmeinnicht.
>
> Ich schreibe dir auf's letzte Blatt
> Weil ich dich am liebsten hab.
> Und wer dich lieber hat als ich
> Der schreibe bitte hinter mich.
>
> Liebe Leute groß und klein
> Haltet dieses Album rein,
> reißt mir keine Blätter raus,
> sonst ist's mit der Freundschaft aus.

17 Etwas Interessantes mitbringen und vorführen (A, B, C)

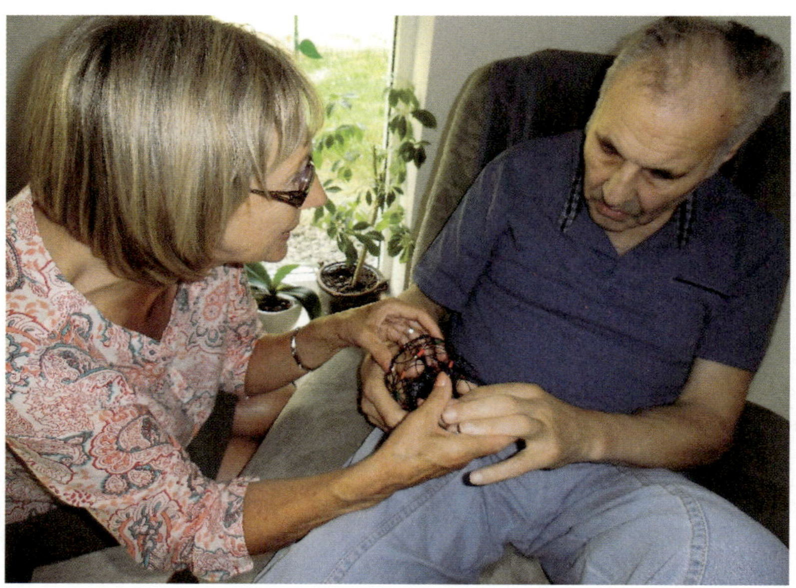

17.1 Was Besonderes lässt Staunen

„Ich habe Euch etwas mitgebracht!" Das löst sofort Spannung und Vorfreude aus. Unabhängig davon, ob das Mitgebrachte nur betrachtet werden kann oder ob man es anfassen und herumreichen oder gar mit nach Hause nehmen kann, es sorgt für Aufmerksamkeit und fördert Reaktionen heraus. Es kann sogar dazu führen, dass auch einer der Tagesgäste einmal etwas mitbringt, was er der Gruppe zeigen möchte.

Bei dem Mitgebrachten kann es sich zum Beispiel um ein Kleidungsstück, ein Schmuckstück des Betreuers handeln. Dabei ist der persönliche Bezug wichtig. So hatten wir zum Beispiel eine Helferin, die manchmal sehr lustige Ohrringe trug, die jedes Mal von allen bewundert wurden. Andere Attraktionen könnten sein:

- Mein Kostüm vom letzten Fasching
- Ungewöhnliche Schuhe oder Strümpfe
- Mein sexy Badeanzug
- Mein neuer Hut

Oder es ist ein interessanter Gegenstand, der vielleicht zunächst mit einem Tuch bedeckt ist oder in seiner Funktion nicht sofort erkennbar ist, z. B.:

- Ein zusammengeklappter Notenständer
- Ein Musikinstrument
- Eine hölzerne Kaffeemühle
- Meine Puppe aus der Kindheit
- Meine schönste Sammeltasse

17.2 Mitbringsel vom Urlaub

Wenn ein Betreuer im Urlaub war, hat er manchmal für alle etwas mitgebracht. Das kann eine Kleinigkeit sein, eine Praline, ein bunter Stein, eine kleine Muschel, eine kleine Seife, ein Schokoladen-Täfelchen; Hauptsache, das Teil ist eingepackt und zugebunden. So kommt zur Spannung auch noch ein feinmotorisches Training hinzu: Schleife lösen, auswickeln.

Wenn es unterschiedliche Mitbringsel sind, empfiehlt sich das Losverfahren: Jedes Päckchen bekommt eine Nummer. Jeder Anwesende zieht ein Los. Jedes Los gewinnt.

17.3 Das bin ja ich!

Fotos aus dem Alltag oder einem besonderen Erlebnis (Ausflug, Fest), auf denen die Betrachter zu sehen sind, zeigen und kommentieren.

17.4 Selber etwas präsentieren

Viele Menschen mit Demenz sind noch in der Lage, selbst etwas zu präsentieren, was ihnen wichtig ist. Einer unserer Tagesgäste brachte seine Blockflöte mit, auf der er noch sehr gut spielen konnte. Alle haben ihn bewundert. Ein anderer besaß eine Mundharmonika, die ihm sehr wichtig war. Er konnte unsere Lieder begleiten. Eine Patientin brachte immer einen kleinen Stoffhund mit, der seinen Platz im Zimmer bekam und auch von den Betreuern mit seinem Namen angesprochen wurde.

Manchmal erfährt man im Gespräch etwas aus dem Leben eines Patienten, das dazu führt, etwas mitzubringen. So hat z.B. eine Patientin berichtet, dass sie früher schöne Decken gehäkelt hat. Nach Rücksprache mit den Angehörigen hat sie dann ein solches Deckchen mitgebracht, das von allen bestaunt wurde. Sie war sehr stolz. Manche brachten ein Fotoalbum mit und erzählten aus ihrem Leben.

Wirklich wahrgenommen zu werden, ist entscheidend für jedes Selbstwertgefühl. Deshalb werden auch besondere Schmuckstücke, Pullover oder Jacken, die unsere Tagesgäste tragen, von den Betreuern bemerkt und bewundert, erst recht eine neue Frisur.

Selbst wenn jemand nur kalte Hände mitgebracht hat, sollte man das bei der Begrüßung kommentieren.

Frau R. hat von ihrem Mann eine neue Kette zum Geburtstag bekommen und ist sehr stolz darauf.

18 Ich kann noch (A, B, C)

Aus der Biografiearbeit erfährt man, was der Patient beruflich gemacht hat. Mütter haben oft viel genäht und gestrickt und erzählen gern davon. Es lohnt sich, vorsichtig zu erproben, welche Fertigkeiten noch vorhanden sind. Wenn dann etwas hergestellt wird, was gebraucht wird, merkt der Gast, dass er etwas Nützliches beitragen kann und freut sich. Beispiele:

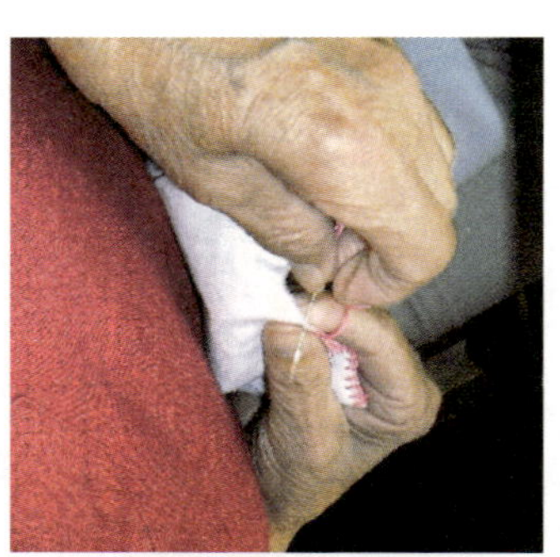

Säckchen nähen

Für Kimspiele (Gegenstände ertasten) brauchen wir Säckchen aus Stoff im Format DIN A5 oder A4.

Schürzen machen

Aus Küchenhandtüchern werden Schürzen, wenn man Bänder annäht.

Stricken

Wer noch stricken kann, könnte ein kleines Quadrat (10 Maschen anschlagen) aus Wolle stricken, das vielleicht für eine kleine Patchwork-Decke verwendet werden kann. Ein Helfer sollte mit dem Stricken beginnen, dann zum Weiterstricken abgeben.

Häkeln

Aus vielen Luftmaschen entsteht ein beliebig langes Bändchen, das wir zum Einwickeln unserer Geschenke verwendet haben.

Stempeln

Macht vielleicht jemand gern, der früher in einem Büro gearbeitet hat.

Handtücher falten

Ein Korb voll gewaschener Handtücher kann auch wiederholt jemandem gegeben werden, der sie gern faltet und stapelt. Nicht vergessen, sich für die Arbeit zu bedanken!

19 Kochen und Backen (A, B, C)

Morgen kochen wir selber!

Nach unserer Erfahrung erfährt keine andere Tätigkeit so viel Zustimmung wie die Beteiligung beim Kochen und Backen. Auch Männer sind mit Eifer dabei.

Immer wieder haben wir deshalb auf Essenslieferungen verzichtet und selbst gekocht.

Am Vortag entscheiden wir gemeinsam, was gekocht werden soll und erstellen eine Liste für die Zutaten.

Folgende Gerichte erfreuen sich bei uns großer Beliebtheit:

19.1 Gemüsesuppe mit Würstchen. Zum Nachtisch Apfelpfannkuchen

Suppe für 8 Personen

1 kg Suppenfleisch (falls die Brühe selbst hergestellt werden soll; einfacher geht es mit Brühwürfeln und/oder Rinderfonds), 1,5 kg Gemüse, 8 Wiener Würstchen, Suppenkräuter, Pfeffer, Salz

In einen großen Topf 1kg Suppenfleisch und 5l Wasser geben, 3 Stunden köcheln lassen und durchsieben. (Das Fleisch ist danach nur noch als Tierfutter zu verwenden.)

Gemüse „quer durch den Garten“ (Möhren, Kohlrabi, Lauch, Bohnen, gehäutete Tomaten, Sellerie) waschen, putzen und in kleine Würfel oder Scheiben schneiden. Alles in die Brühe geben und 25 Minuten kochen lassen.

Für jeden ein Würstchen wärmen und entweder in die Suppe schneiden oder per Hand zur Suppe essen.

Apfelpfannkuchen

500 g Mehl, 4-5 Eier, knapp ¾ l Milch, 1 Zitrone, Fett zum Ausbacken, Zucker zum Betreuen, 1 Prise Salz

3 Äpfel schälen, teilen, vom Kernhaus befreien und in feine Scheiben schneiden.

Von der Zitrone die Schale abreiben.

Mehl, Eier und Milch zu einem glatten Teig verrühren (soll etwas dicker sein als der übliche Pfannkuchenteig) Zitronenschale und eine Prise Salz zugeben, Äpfelscheiben unterrühren und kleine Küchlein in der Pfanne von beiden Seiten backen. Mit Zucker und Zimt bestreuen.

19.2 Nudelauflauf mit Gurkensalat. Zum Nachtisch Obstsalat

Nudelauflauf für 8 Personen

1 kg Hörnchen oder Spiralnudeln, ca. 300 g Fleischwurst am Stück, 2 Becher saure Sahne, 4 Eier, 1 Beutel geriebener Käse, 1 kg Tomaten, 2 Salatgurken, Dill-Dressing

Teigwaren in Salzwasser kochen, Tomaten kurz in heißes Wasser legen, damit die Haut abgezogen werden kann. Fleischwurst würfeln. Tomaten halbieren und in dicke Scheiben schneiden. In einer großen Auflaufform die abgetropften Nudeln mit Wurst und Tomaten mischen, mit Pfeffer und Origano würzen. Eine Soße aus saurer Sahne mit Ei darüber gießen und mit geriebenem Käse bestreuen. Im Ofen backen, bis der Käse goldgelb ist.

Salatgurken schälen, in Scheiben schneiden, mit Dressing mischen.

Obstsalat

2-3 kg Obst, möglichst viele Sorten, klein schneiden, mischen und mit Zucker süßen. (Für Diabetiker vorher eine Portion ohne Zucker beiseite stellen.)

19.3 Kartoffelsuppe. Zum Nachtisch Obstkuchen

Kartoffelsuppe kennen alle. Die Zutaten sind variabel; mal mit Möhren, mal mit Champignons, mal mit Würstchen oder Lachs. Auf jeden Fall gibt es viel zu schnippeln und alle sind beteiligt.

Unser Rezept:

Kartoffelsuppe für 8 Personen

2 kg mehlige Kartoffeln, 4 Zwiebeln, 2 Stangen Lauch, 2 Möhren, 100 g Butter, 3 l Fleischbrühe, 1 Becher Schlagsahne, 2 Lorbeerblätter, Petersilie, Muskat, Majoran, Petersilie

Zwiebeln schneiden, im Fett dünsten, in Scheiben geschnittenen Lauch zugeben, Fleischbrühe mit gewürfelten Kartoffeln und kleingeschnittenen Möhren dazu geben, kochen lassen, bis die Zutaten weich sind. Lorbeerblätter entfernen. Suppe mit Stabmixer pürieren. Würzen. Sahne dazugeben.

Obstkuchen

Aus Hackteig oder Hefeteig den Boden für ein viereckiges Blech herstellen.

Mit Obst belegen, z.B. mit Zwetschgen oder Äpfeln oder Johannisbeeren. Die Krönung ist Streusel oder Guss:

Für Zwetschgen: Streusel aus100 g Mehl, 57 g Butter, 50 g Zucker mit Vanillezucker und / oder Zimt vermischen und auf den Zwetschgen verteilen.

Für Äpfel: Guss aus 2 Bechern saurer Sahne, 2 Eiern, einem Esslöffel Mondamin und 2 Esslöffeln Zucker glatt rühren, über die Äpfel gießen.

Für Johannisbeeren oder (abgebrühten) Rhabarber: Baisermasse herstellen: 3-4 Eiweiß, 1 Tasse Zucker, Vanillezucker zu steifem Schaum schlagen, über das Obst streichen oder das Obst mit dem Schaum vermischen und zusammen auf den Teig geben. In diesem Fall empfiehlt es sich, den Teig im Blech schon vor dem Belegen etwas anzubacken, damit er nicht durchweicht.

Es gibt viele andere Gerichte, die bei uns viel Schaffensfreude ausgelöst haben und zudem gut schmecken, z.B.

- Gemüsenudeln mit Tomatensoße. Zum Nachtisch: Bananenquark
- Kartoffelsalat mit kleinen Frikadellen. Zum Nachtisch: Kirschen-Auflauf.
- Grüne Bohnen in weißer Soße mit Salzkartoffeln und Bratwurst-Schnecke. Zum Nachtisch: Vanille-Pudding mit gezuckerten Beeren.

20 Tisch decken und Servietten falten (A, B, C)

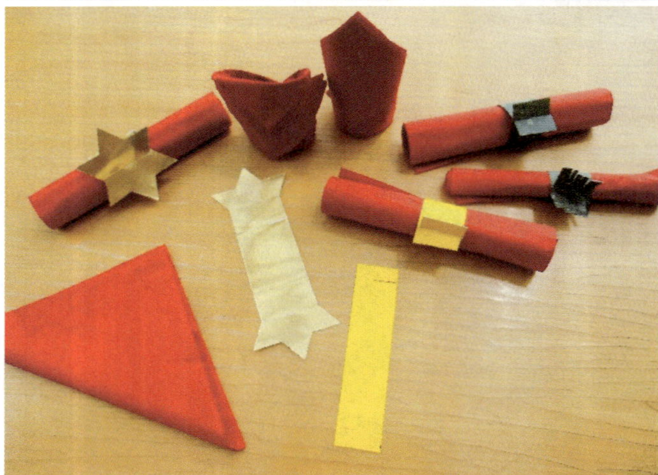

Dass es wichtig und richtig ist, gerade Menschen mit Demenz zu bitten, bestimmte Aufgaben zu übernehmen, zum Beispiel das Tischdecken, ist bekannt. Selbst wenn jemand dem einen Gedeck alle Gabeln, dem anderen alle Löffel zuordnet, ist das kein Problem und kann unauffällig korrigiert werden.

Das Falten von Servietten gehört dazu. Man kann sie einfach diagonal knicken oder auch rollen und in einen Serviettenring aus buntem Karton stecken. Dazu wird ein ca. 14 cm langer Streifen aus farbigem Karton an beiden Enden eingeschnitten, einmal von oben, einmal von unten. Dann kann man die Enden ineinander stecken.

Manchmal befindet sich unter den Anwesenden jemand, der besonders komplizierte Faltmethoden mit Servietten beherrscht.

Auch wenn das keiner nachmachen kann, macht es Freude, zuzusehen. Und die Zufriedenheit über das gelungene Werk ist sichtbar auf diesem Foto:

21 Malen und Basteln

„Ich habe keine Lust!“ Solch ablehnendes Verhalten entspringt häufig der Angst, etwas nicht zu können, zumal wenn man „so etwas“ noch nie gemacht hat. Deshalb sollte man sich für ganz einfache Tätigkeiten entscheiden und am besten selbst damit beginnen. Meistens lässt sich der Neinsager dann doch zum Mitmachen verleiten, und wenn nicht, ist ja auch das Zuschauen ein guter Programmpunkt.

Manchmal kann auch der Hinweis motivieren, dass man für die Frau, die Tochter, den Ehemann etwas bastelt, was dann mit nach Hause genommen werden kann. So haben sich in unserer Tagesstätte alle beteiligt, wenn wir ein Weihnachtsgeschenk für „den liebsten Menschen“ gebastelt haben. Und für den „liebsten Menschen“ war es ein Erlebnis, wieder einmal vom kranken Angehörigen ein Geschenk zu erhalten, das er wirklich selbst gemacht hat. Für die Bescherung haben wir immer eine kleine Feier veranstaltet.

Stark motivierend hat bei uns auch immer gewirkt, wenn wir angekündigt haben, gemeinsam etwas Schönes herzustellen zum Schmuck unseres Raumes oder des Gartens.

Beim Malen können Poster von bunten und abstrakten Gemälden ansteckend wirken oder auch Blumen, bunte Tücher.

Wichtig ist, dass alle Kunstwerke auch gewürdigt werden, z.B. durch Aushängen an einem Schwarzen Brett.

Alle vorgeschlagenen Bastelarbeiten sind sehr leicht zu machen. Und fast bei allen gibt es die Möglichkeit, die verschiedenen Arbeitsgänge auf verschiedene Personen aufzuteilen, bin hin zum Anreichen von Material oder zum bloßen Zusehen. Ich habe deshalb darauf verzichtet, den Schwierigkeitsgrad (A), (B) oder (C) anzugeben.

21.1 Wandteppich für Kunst

Wir haben in unserer Tagesstätte einen Wandteppich, an dem man das ganze Jahr über mit Stecknadeln Kunstwerke unserer Tagesgäste befestigen kann, z.B.

- Schneekristalle im Winter
  Ein Quadrat von ca. 8 cm Länge aus weißem Papier wird zweimal gefaltet und mit der Schere bearbeitet. Was dabei herauskommt, erinnert an Schneekristalle
- Ausgeschnittene Blumenreihen im Frühling (s.o.)
- Aus Krepp-Papier gewickelte Rosen im Sommer
- Aus Papierkügelchen geklebte Früchtebilder im Herbst
  (Den Umfang einer Frucht mit Bleistift skizzieren, Fläche mit Leim bestreichen, kleine Kügelchen aus Seidenpapier in der passenden Farbe andrücken.)

- Kleine Fähnchen in vielen Farben während einer Fußball-Weltmeisterschaft
- Gemalte Blätter im Herbst (echte Blätter als Vorlage auf Papier legen, umfahren, ausmalen, ausschneiden)
- Goldene Sterne an Weihnachten

21.2 Malen mit Wasserfarben: Nass auf nass

Ein bunter Blumenstrauß oder das Betrachten eines Bildes in kräftigen Farben könnte die Motivation herbeiführen, selbst mit Farben zu hantieren. Wir brauchen eine Schürze für jeden.

Jeder bekommt eine wasserdichte Unterlage und ein Blatt Papier, das an den Ecken mit Tesafilm auf der Unterlage befestigt wird, damit es sich nicht wölbt. (Es muss nicht Aquarellpapier sein, Hauptsache, es nimmt die Nässe gut auf.)

Mit einem Schwämmchen das Papier nass machen. Dann mit einem Pinsel Wasserfarben auftragen. Schon ein Tropfen Wasserfarbe weitet sich zu einer schönen Blume aus.

Während das fertige Bild trocknet, einen schwarzen Rahmen aus Tonpapier schneiden und auf das Bild legen. Jetzt leuchten die Farben noch mehr.

21.2.1 Mit derselben Technik kann man aus aufgeklappten Kaffeefiltern Schmetterlingsflügel malen.

21.3 Kleisterfarbbild

Tapetenkleister wird dick auf ein Blatt Papier gestrichen. Dann mit Wasserfarben bunte Streifen auf den Kleister streichen. Zum Schluss mit einem Kamm Wellenlinien oder andere Figuren in das Bild drücken und trocknen lassen.

21.4 Malen nach Musik

Jeder hat einen Zeichenblock und Malkreiden vor sich. Zu sanfter Musik malt jeder, was ihm in den Sinn kommt, ohne zu sprechen. Es ist wichtig, dass zumindest einer der Teilnehmer keine Scheu hat, abstrakte Figuren oder bewegte Linien auf sein Blatt zu setzen. Das ermutigt die anderen.

21.5 Mandala ausmalen

Vorgezeichnete Mandalas (gibt es zu kaufen) werden verteilt und sollen mit bunten Farbstiften ausgemalt werden. Es ist erstaunlich, wie viel Ruhe und Entspannung diese Tätigkeit auslösen kann. Offensichtlich wirkt die Ordnung, die diese punktsymmetrischen Bilder enthalten, wohltuend auf die Ausmaler. Auch hier kann eine sanfte Musik die Wirkung verstärken.

21.6 Mandala herstellen

Aus beliebigem Material (hier Lavendelblüten, Steine, Blätter, Kiefernzapfen, Ähren) werden gemeinsam Kreise um einen Mittelpunkt herum gelegt. Das Material, das gerade „dran" war, haben wir jeweils in kleinen Schalen verteilt, sodass niemand überlegen musste, welcher Ring gelegt werden soll. War der Kreis geschlossen, haben wir das restliche Material eingesammelt und das nächste verteilt. Eine Unterlage mit vorgezeichneten Kreisen ist hilfreich.

Das Mandala haben wir neben der Eingangstür deponiert; Jeder hat es bewundert. Je nach Jahreszeit wurde ein neues Mandala gestaltet.

21.7 Steine bemalen

Diese Tätigkeit eignet sich besonders für den Sommer, wenn die Steine im Freien bemalt werden können. Schürzen sind nötig.

Große, glatte Steine bekommt man in jedem Baumarkt, manchmal sogar als Spende. Sie werden mit Acrylfarben bemalt. Malkittel (alte Hemden) nicht vergessen.

Die bemalten Steine können je nach Größe als Briefbeschwerer, Zimmer- oder Gartenschmuck verwendet werden.

21.8 Geschenkpapier

Seidenpapier oder Packpapier wird mit Kartoffelstempeln bedruckt.

Eine größere Kartoffel wird halbiert, eine Ausstecherform (z.B. Stern oder Herz) in die Schnittfläche gedrückt, die Kartoffelteile außerhalb der Form entfernt, sodass ein Stempel entsteht, der an der ungeschälten Seite gut greifbar ist. Backförmchen entfernen. Die entstandene Form an der Schnittfläche mit Acrylfarben bestreichen und mehrfach auf das Papier drücken.

Fertige Stempel mit Tiermotiven gibt es zu kaufen (s. o.).

21.9 Kleine Tontöpfe bemalen oder bekleben

Kleine Pflanzen sehen in bemalten Töpfchen natürlich besonders hübsch aus. Ach hier werden Acrylfarben und Pinsel benötigt.

Man kann die Töpfe auch mit Servietten bekleben. Dazu wird eine Serviette, die meistens aus 4 Schichten zusammengesetzt ist, geteilt und vorsichtig auf das mit Kleister bestrichene Töpfchen geklebt.

21.10 Windlichter

a) Mit Luftballon

Ein aufgeblasener Luftballon wird mit Tapetenleim bestrichen und dünn mit Seidenpapier-Fetzen beklebt. Nach dem Trocknen kann die Luft heraus gelassen und die Laterne zugeschnitten werden. Ein Teelicht in ein Gläschen, das Gläschen in die Laterne stellen.

b) Mit Gläschen

Die Außenseite eines niedrigen Glases mit Tapetenleim bestreichen, dünn mit Seidenpapier oder gepressten Blättern bekleben.

Falls eine Klebepistole mit Heißkleber zur Verfügung steht, könnten auch Zimtsterne oder Knöpfe oder Perlen auf das Glas geklebt werden, falls ein Helfer das Hantieren mit der Klebepistole übernimmt.

21.11 Fensterbilder

Das ganze Jahr bietet sich das Fenster als Dekorationsfläche an. Die Motive ergeben sich fast von selbst aus der Jahreszeit: Schneeglöckchen oder Tulpen im Frühjahr, Masken an Fastnacht, Schmetterlinge im Sommer, Sterne an Weihnachten…

a) Schneeglöckchen

Aus grünem Tonpapier wird der Stängel mit den Blättern geschnitten.

Die Blüte auf einfach gefaltetes weißes Papier aufzeichnen und ausschneiden. Wenn die Blüte auf den Stängel geklebt wird, springt sie etwas auf und die Blüte wirkt plastisch.

Noch einfacher ist folgende Form:
Für die Blüte ein kleines Quadrat aus weißem Papier diagonal falten, dann von der der Mitte der Längsseite aus die Ecken nach unten schlagen. Auf die Stängel kleben.

b) Tulpen oder Schmetterlinge

Mit Hilfe einer einfachen Schablone aus farbigem Papier einen Schmetterling ausschneiden und mit symmetrischen andersfarbigen Figuren bekleben.

Ein großer Schmetterling kann auch aus einer Kaffee-Filtertüte gebastelt werden: Filtertüte an den Seiten aufschneiden und aufklappen. Die Flügel mit Wasserfarben bemalen (nass in nass). Aus Seidenpapier zwei dünne „Spaghettis" wickeln oder drehen, die einzeln die Fühler und gemeinsam den Leib des Schmetterlings bilden. Schmetterlingsleib auf den Tütenboden legen und festkleben, sodass die Flügel nach oben zeigen.

Kleine bunte Schmetterlinge wirken auch als Tischschmuck sehr schön und können wunderbare Serviettenringe ergeben:

Form in drei Größen aus unterschiedlichem Papier ausschneiden, mit einem Pfeifenreiniger zusammenhalten, dessen Ende die Fühler ergeben.

c) Libellen

Der Körper wird aus dickerem dunklem Karton, die Flügel aus einer Klarsichthülle ausgeschnitten und mit Tesafilm auf den Körper geklebt. Kann mit einem Faden aufgehängt werden und wird von der Luft bewegt.

21.12 Poster: Die vier Jahreszeiten (Collage)

Aus bunten Katalogseiten werden Teile ausgerissen oder ausgeschnitten und nebeneinander/übereinander auf einen großen Karton geklebt.

Für das Frühlingsbild würden sich Kataloge der Blumengeschäfte eignen, für das Sommerbild vielleicht Reisekataloge und/oder Obstkataloge, für das Winterbild Kalenderseiten oder Kataloge mit Winterkleidung. Die Papierstücke kreuz und quer auf den Karton kleben, sodass keine Lücke sichtbar ist. Damit sich das Kunstwerk nicht wölbt: Zum Trocknen mit Büchern oder einem Brett beschweren, nachdem das Poster mit Alufolie vor dem Ankleben gesichert wurde.

21.13 Farbensymphonie

Viele Katalogseiten liegen auf dem Tisch. Jeder hat ein Blatt Papier auf einer Unterlage vor sich und wählt sich seine Lieblingsfarbe. Dann schneidet oder reißt er aus dem vorhandenen Katalogmaterial möglichst viele Stücke in seiner Farbe aus und klebt sie auf das mit Tapetenleim nach und nach bestrichene Blatt. Da jede Farbe in Variationen vorhanden ist (z.B. hellgelb, maisgelb, grell gelb, fast orange…) entsteht auf jedem Bild ein einfarbiges und doch farbenprächtiges Bild.

Alle fertigen Bilder zusammen ergeben eine Farbensymphonie und einen attraktiven Wandschmuck.

21.14 Schachteln bekleben

Streichholzschachteln und kleine Kästchen lassen sich vielseitig verschönern: Man beklebt sie mit Papier und schmückt sie z.B. mit ausgestanzten Figuren aus Moosgummi, die es fertig zu kaufen gibt.

Besonders hübsch ist die Verzierung mit gepressten Blättern oder Gräsern. Dazu eine Glasscheibe oder ein Schneidebrett mit Tapetenleim bestreichen, das Gepresste darauf legen, ein Blatt Papier darüber legen und leicht andrücken. Papier abnehmen, Blatt oder Gras mit einer Pinzette aufnehmen und auf den vorgesehenen Platz legen. Mit Hilfe eines weiteren Papiers, das kurz auf die Dekoration gelegt wird, andrücken.

21.15 Untersetzer oder Tischsets laminiert

Falls ein Laminiergerät vorhanden ist, lassen sich auf leichte Art wunderschöne Untersetzer oder Tischsets herstellen, z. B. mit getrockneten Blüten oder Blättern:

Verschiedene Blätter sammeln, nebeneinander zwischen Zeitungen oder in ein Telefonbuch legen, beschweren und 1-2 Wochen liegen lassen. Dann auf einem bunten Blatt Papier verteilen, vorsichtig in die aufgeklappte Laminierfolie schieben, schließen und durch das Gerät führen.

Für runde Untersetzer könnten auch ausgemalte Mandalas oder Klebearbeiten oder Ausschnitte aus Wasserfarben- Malerei (s. o.)oder Faltschnitte genommen werden. Beim Einlegen in die Folie genügend Platz für das einzelne Kunstwerk lassen, damit beim Ausschneiden nach dem Laminieren ein kleiner Folienrand um das Kunstwerk bleibt.

21.16 Buchzeichen

Für Bücher in Normalgröße oder für das Telefonbuch in Überlänge können mit dem Locher hübsche Buchzeichen hergestellt werden. Jeder sucht sich aus farbigem Papier zwei Farben aus. Mit dem Lineal 4 cm breite Streifen einzeichnen und ausschneiden. Der Streifen einer Farbe bekommt mit dem Locher viele Löcher auf beiden Längsseiten und wird auf den Streifen der anderen Farbe geklebt. Nach dem Trocknen am unteren Ende einen bunten Wollfaden durchziehen, das obere Ende schräg oder spitz zuschneiden.

Falls ein Laminiergerät vorhanden ist, kommt das Kunstwerk noch besser zur Geltung.

Statt des Büro-Lochers kann man auch spezielle Locher verwenden, die Herzchen oder Sterne ausstanzen. (Gibt es im Handel).

21.17 Windrädchen

Aus Laternenfolie wird ein Quadrat von 15 × 15 cm^2 geschnitten. Von Ecke zu Ecke faltet man zwei Diagonale. Dann schneidet man 7 cm entlang aller Diagonalen von außen Richtung Mittelpunkt. Die Ecken legt man zum Mittelpunkt. Durch alle vier Ecken und das Quadrat einen dünnen Nagel schlagen. Eine Perle über die Nagelspitze schieben und den Nagel auf eine Holzstange nageln.

Das gleiche kann auch mit Teig geübt und zur Belohnung gegessen werden.

21.18 Briefkarten oder Einladungen gestalten

Wenn man fertige Bildkarten mit ovalen oder rechteckigen Öffnungen für Fotos kauft, sieht jedes bemalte Papier hinter dem Rahmen gekonnt aus. Zu Ostern haben wir solche Karten mit ovalen Öffnungen verwendet und dahinter ein selbst mit bunten Streifen bemaltes Blatt geklebt: Schon war das schönste Ostereier-Bild versandbereit.

Preiswerter ist es, buntes oder weißes Papier in DIN A5 einmal zu falten und auf der Vorderseite kreativ zu gestalten, z.B. mit einem Spitzendeckchen aus gefaltetem und eingeschnittenem Papier, mit gepressten Blumen (siehe 21.14) oder mit Motiven je nach dem Anlass:

Ein kleiner Tannenbaum aus grünem Tonpapier oder Sterne für eine Weihnachtskarte, ein Ei für eine Osterkarte, ein Herz für eine Geburtstagskarte…

Besonders aufwändig ist eine Karte mit Text aus ausgeschnittenen Buchstaben.

21.19 Tischdekoration (mit Schokoriegel)

Aus Tonpapier eine Figur wie nebenstehend gezeigt ausschneiden und bekleben.

Dann in der Mitte Platz für einen Schokoriegel lassen und links und rechts davon die Figur knicken und die Seiten hochklappen. Mit einem Bändchen zusammen halten.

21.20 Überraschungs-Päckchen

Für eine Praline basteln wir eine attraktive Hülle: Hübsches, kleinteilig bedrucktes, festes Papier wie auf dem Bild ausschneiden, an zwei Seiten einschneiden, alle vier Seiten hochklappen, zuerst die kürzeren Seiten nach innen legen, dann die längeren Seiten an den Schnittstellen ineinander schieben.

21.21 Girlande für Fest oder Fastnacht

Papierstreifen ca. 15 cm lang, 1,5 cm breit in vielen Farben schneiden.

Den ersten Ring tackern oder kleben, den nächsten Streifen durchziehen und ebenfalls tackern oder kleben usw.

Einfach zu machen ist auch eine Wimpel-Girlande: Auf eine Schnur werden viele spitzwinkelige Fähnchen geklebt, die entweder aus buntem oder bedrucktem Papier geschnitten wurden.

21.22 Rosen aus Krepp-Papier

Von rotem oder gelbem Krepp-Papier wird jeweils ein ca. 40 cm breites und ca. 8 cm hohes Band geschnitten. An der Schnittfläche vorsichtig dehnen, sodass sich das Papier etwas kräuselt. Nun den Streifen in einer Richtung wickeln, wobei am unteren Ende immer einige Falten gelegt werden. Zum Schluss unten mit Tesafilm zusammenbinden.

Man kann die Blüte auch auf einen Schaschlikspieß stecken, den man dann mit grünem Seidenpapier umwickelt.

21.23 Vogel flieg!

Aus farbigem Papier wird ein Vogel doppelt ausgeschnitten. Kopf und Bauch werden zusammengeklebt, die Flügel nach außen gebogen. Mit einem dünnen Faden kann der Vogel an einer Lampe oder einem Ast befestigt werden. Bei jedem Luftzug fliegt er.

21.24 Huhn für ein Osterei

Entsprechend der Abbildung aus Tonpapier ein doppeltes Huhn mit Zwischenboden ausschneiden. Die Hühner hochklappen, so dass sie senkrecht zum Zwischenboden stehen. Ein Osterei zwischen die Hühner legen und das Ganze mit einem hübschen Bändchen zubinden.

22 Singen und Musizieren (A, B, C)

Singen ist der unentbehrlichste Programmpunkt bei der Beschäftigung von Menschen mit Demenz. In zahllosen Untersuchungen wurde die positive Wirkung der Musik, insbesondere von Liedern, selbst bei fortgeschrittener Demenz beschrieben. Die Forscher Fischer und Glanzmann haben beobachtet, dass an Demenz erkrankte Personen „häufig gerne ihnen aus ihrer Biografie vertraute Lieder teilweise auswendig und melodisch sowie textlich korrekt singen bzw. mitsingen können. Dabei zeigt sich eine Zunahme von Freude, Entspanntheit, geistiger Wachheit, sozialer Verbundenheit mit Mitmenschen sowie zugleich eine Abnahme negativer Emotionen, wie z.B. Angst, Depressivität, Unruhe oder Aggressivität.“[7]

Die jetzt alt gewordene Generation kennt noch sehr viele Volkslieder, die den nachfolgenden Jahrgängen oft nicht mehr geläufig sind.

Jede Generation hat ihre eigenen Kinderlieder-Erfahrungen, ihre eigene Schlagerwelt, ihre eigenen Erinnerungen an Stars der Musikszene. Das gilt es zu bedenken.

Die Alten der Gegenwart kennen noch die meisten alten Volkslieder und Choräle, wie sie z.B. abgedruckt sind in „Kein schöner Land“, hrsg. von Alfred Schöps und Friedemann Strube[8]. Die nächste Generation verfügt vielleicht über keinen großen Schatz an Volksliedern mehr, singt aber gern Schlager wie „99 Luftballons“ oder Lieder von Udo Jürgens wie „Aber bitte mit Sahne“.

Besonders viel Freude macht das Singen mit Begleitung, wobei sich Akkordeon, Zither, Gitarre und Klavier besonders bewährt haben.

Wichtig ist, dass die Person, die das Singen instrumental begleitet, Blickkontakt zu den Sängern hat. Wenn ein Klavierspieler mit dem Rücken zu den Sängern sitzt, ist das ungünstig.

22.1 Liederraten

Einer summt oder pfeift eine Melodie oder spielt die ersten Töne eines Liedes auf einem Instrument, schon singt jemand mit und die anderen fallen ein. Der Text der zweiten oder dritten Strophe ist manchmal nicht mehr so gut abrufbar wie der Text der ersten Strophe. Dann teilen wir entweder das Liederbuch aus oder singen einfach die erste Strophe noch einmal, summen oder singen „lala“.

22.2 Aktionen mit Liedern im Stuhlkreis

Im Stuhlkreis lässt sich das Singen gut mit Bewegungen verbinden.

Dabei können auch Spiele, die man im Kindergarten gespielt hat, eingesetzt werden, wenn es mit Lachen und Zuwendung geschieht.

Zeigt her eure Füße, zeigt her eure Schuh
Und sehet den fleißigen Waschfrauen zu.
Sie waschen, sie waschen, sie waschen den ganzen Tag, / sie waschen, sie waschen, sie waschen den ganzen Tag.

Zunächst werden die Füße wechselseitig mit dem Absatz nach vorn bewegt, dann führen Hände und Arme die entsprechende Aktion aus.

Dann fragen wir reihum nach dem Beruf, den jemand ausgeübt hat.

7 Kollak, Ingrid a.a.O., S. 71

8 „Kein schöner Land.“ Liederbuch in Großdruck. Gesamtausgabe. Strube-Verlag. München

War die Antwort z. B. „Hausfrau“, dann singen wir „sie kochen, sie kochen, sie kochen den ganzen Tag“ und rühren dabei pantomimisch im Kochtopf.

Viel Spaß hatten wir auch mit:

22.3 Dornröschen

Dornröschen war ein schönes Kind...
Dornröschen nimm dich ja in Acht...
Da kam die böse Fee herein...
Dornröschen du sollst sterben...
Da kam die gute Fee herein...
Dornröschen schlafe hundert Jahr...
Da wuchs die Hecke riesengroß...
Da kam der junge Königsohn...
Dornröschen, wache wieder auf...
Da feierten sie das Hochzeitsfest...
Da jubelte das ganze Volk...

Zunächst haben wir die Rollen verteilt, wobei manchmal etwas Ermutigung nötig ist. („Dornröschen muss gar nichts machen, nur schön sein und später auf dem Stuhl schlafen.“) Auch Requisiten können die Stimmung heben und Hemmungen abbauen: Ein Stock als Schwert für den Königsohn, ein schönes helles Tuch für die gute Fee, ein um die Schultern gelegter dunkler Mantel für die böse Fee, die bei uns übrigens immer eine Betreuerin dargestellt hat mit böser Mimik und Gestik. Die Hecke wird von allen gespielt, indem mit den Armen das Wachsen der Dornen angezeigt wird. Und wenn das ganze Volk jubelt, sind alle dabei und werfen die Arme hoch.

22.4 Tulpen aus Amsterdam

(Mit Instrumental-Begleitung oder mit CD)
Rote und gelbe Servietten jeweils in vier Schichten teilen, sodass hauchdünne Papiere entstehen. Jeder nimmt einen Strauß roter Servietten in die eine, den gelben Strauß in die andere Hand.

Zum Gesang schwingen wir die Arme mal rechts, mal links, mal beide (über Kreuz) passend zum Text.

22.5 Einsatz von Rhythmus-Instrumenten

Jeder bekommt eine Rassel, Klangstäbe oder ein anderes Rhythmus-Instrument. Sowie eine flotte Musik erklingt (CD), schlagen alle den Takt.

Leicht selbst herstellen lassen sich Klangstäbe aus Bambus.

22.6 Instrumente erforschen

Ein Musikinstrument reihum gehen lassen. Dabei jedem genügend Zeit geben, dem Unbekannten Töne oder Geräusche zu entlocken.

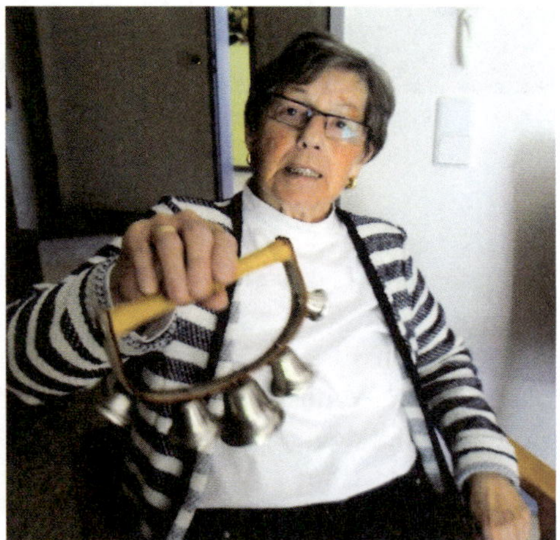

23 Tanz und Gymnastik

In Köln hat Stefan Kleinstück das Projekt „Wir tanzen wieder“[9] ins Leben gerufen, das bald bundesweit Nachahmer fand. Menschen mit Demenz werden wöchentlich zu einem Tanznachmittag eingeladen, wobei es nicht darum geht, Tänze zu lernen, sondern zu tanzen. Tanzen als Kommunikation, als Ausdruck von Gefühlen und als Demenz-Prophylaxe wird als außerordentlich wertvoll beschrieben.

---

9 Kleinstück, Stefan und Heuvelmann, Anna: Wir tanzen wieder – Tanzen für Menschen mit und ohne Demenz in Tanzschulen. In: Kollak, Ingrid a.a.O., S. 93-111.

Auch die Wissenschaft hat sich in Amerika wie in Europa mit der Wirkung des Tanzens auf Menschen mit Demenz beschäftigt.[10] Das Gehirntraining, Bewegungskoordination, Emotionalität und soziale Interaktion durch Tanz werden so hoch bewertet, dass inzwischen an vielen Tanzschulen oder Heimen auch Rollator-Tänze angeboten werden.

23.1 Tanzmusik wirken lassen

Alle sitzen im Stuhlkreis, der in der Mitte genügend Platz lassen muss. Eine CD mit Tanzmusik auflegen, schon sieht man an den Gesichtern und den Bewegungen, wer

Lust hat, zu tanzen. Manchmal reagiert jemand erfreut auf die Aufforderung „Darf ich bitten?“ und nimmt eine Tanzhaltung ein, die man ihm oder ihr vielleicht gar nicht mehr zugetraut hätte. Wenn zwei Patienten miteinander tanzen, sollte man das Paar im Auge behalten, um bei Gleichgewichtsstörungen präsent zu sein.

Schunkeln im Walzertakt auf Stühlen geht immer.

23.2 Sitztanz

Sitztanz macht immer gute Laune und ist ein hervorragendes geistiges Training.

- Ein nicht zu schnelles Musikstück im 4/4-Takt bereithalten.
- Dann zunächst die Bewegungen langsam und ohne Musik üben, z.B.
  4 mal abwechselnd mit dem rechten und linken Fuß auftreten,
  4 mal in die Hände klatschen.
- Alles von vorn mit Musik.
- Wenn das klappt, kann eine weitere Bewegung hinzugefügt werden, z.B.
  mit der linken Hand den rechten Ellenbogen halten, (1, 2 zählen)
  mit der rechten Hand den linken Ellenbigen halten. (3, 4 zählen)
  Abwechselnd mit der linken und der rechten Hand auf die Oberschenkel schlagen
  (1, 2, 3, 4 zählen).
- Jetzt mit Musik.
- Alle vier Takte beliebig oft wiederholen

10 Dinse, Dr. Hubert, Ruhr-Universität Bochum in: Agil im Alter, Das Rollator-Tanz-Handbuch, hrsg. vom Allgemeinen Deutschen Tanzlehrerverband, Hamburg 2015.

23.4 Gymnastik mit Musik

Musik ist meistens das einzige Mittel, um Menschen mit Demenz für Gymnastik zu gewinnen.

Wir beginnen immer mit Atemübungen und lassen dazu eine Entspannungsmusik erklingen.

Dann folgen bei sanfter Musik die „Zeitlupen-Bewegungen“:

Arme langsam heben und senken, über Kreuz bis zum Oberkörper führen, die Knie nacheinander hochheben, die Füße nacheinander vorstrecken, die Schultern kreisen lassen…

Nachdem viele Gelenke vorsichtig bewegt wurden, kann eine flottere Musik erklingen, auf die mit schnelleren Bewegungen reagiert wird, dabei jede Bewegung 8-12 Mal wiederholen, z.B.

- Füße im Takt bewegen
- auf Zehenspitzen,
- nur mit Absätzen,
- Arme ausstrecken und Hände zu den Schultern führen,
- Hände und Arme umeinander kreisen lassen,
- boxen,
- kicken,
- Arme anwinkeln und Ellbogen nach hinten drücken.
- Flache Hände vor der Brust schließen, öffnen, mit Druck wieder schließen.

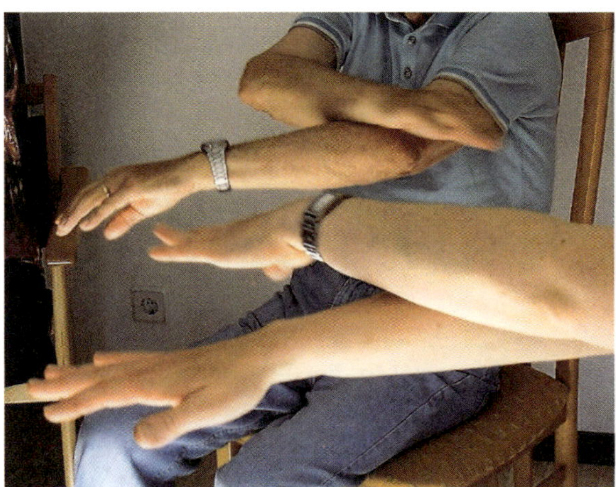

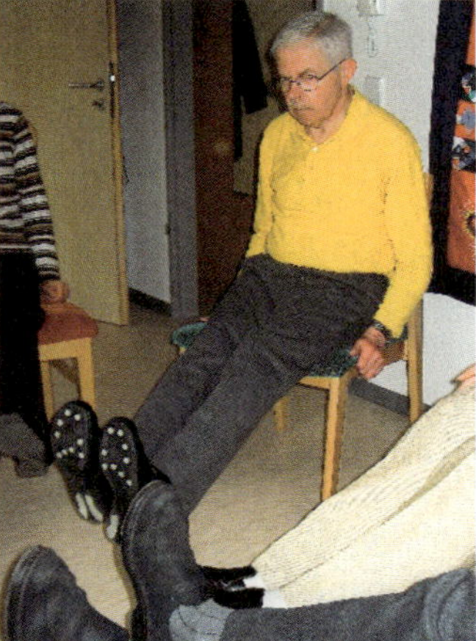

24 Vorlesen

Vorlese-Geschichten für Menschen mit Demenz sollten kurz sein, sprachlich unkompliziert und leicht verständlich, die Handlung zeitlich fortlaufend ohne Abschweifungen. Wenig handelnde Personen. Lustige Geschichten mit Pointe kommen besonders gut an. Wenn aus der Zeitung vorgelesen wird, sollte man beunruhigende Meldungen, politische Streitfragen und Berichte über Verbrechen und Unfälle ausklammern und stattdessen nach „positiven“ Berichten und netten Begebenheiten suchen.

Vorlesen ist immer auch eine Form der Zuwendung. Das gilt nicht nur für Kinder, sondern auch für Senioren. Selbst wenn jemand dem Text nicht mehr richtig folgen kann, ist die ruhige, freundliche Atmosphäre beim Vorlesen so entspannend, dass manchmal Zuhörer einschlafen. Das darf dann nicht als negative Reaktion gewertet werden; im Gegenteil.

Wenn die Geschichte „ankommt“, ergibt sich oft ein Gespräch:

- Haben Sie das auch schon erlebt?
- Erinnert Sie das an früher?

Sehr einfache, leichte Texte (B, C) findet man in den Taschenbüchern von Ulrike Strätling beim Brunnen-Verlag.[11]

Dort erschien auch für Senioren: Das Sonntagskind[12]: Geschichten zum Vorlesen fürs ganze Jahr. (A)

Daraus einige Leseproben:

24.1 Schluss mit der Diät (A, B, C)

Von Ulrike Strätling. Ellen hatte unbestritten ein paar Pfunde zu viel auf den Rippen. Naja, wenn man es genau nimmt, nicht nur auf den Rippen. Die Blusen spannten, die Hosen quetschten am Bauch und die Röcke schoben sich etwas nach oben. Darum hatte sie beschlossen, eine Diät zu machen. Erik, ihr Gatte, schüttelte darüber nur den Kopf.

Von Tag zu Tag wurde Ellen kribbliger. Sie hatte schlechte Laune und ein unbändiger Heißhunger überfiel sie mindestens dreimal am Tag. Sie dachte an Schokolade, wie sie ihr langsam und süß auf der Zunge zerschmelzen würde. Sie musste an ein deftiges Schnitzel denken. Mit knuspriger Panade und Kartoffeln mit würziger Soße. Und zwischendurch dachte sie immer wieder an eine große Portion Vanilleeis mit Sahne. Ellen litt schrecklich dabei.

Nun saß sie deprimiert am Küchentisch – natürlich mit knurrendem Magen – und dachte an die letzten zwei Wochen.

Montags gab es nur Knäckebrot, ohne Butter mit magerem Schinken. Zwischendurch einen Magerjoghurt. Sie stöhnte: „Das schmeckt doch alles gleich!"

Dienstags war Obsttag. Morgens ein Apfel. Mittags ein Apfel und abends eine Banane.

Mittwochs gab es klare Brühe, dazu ein Knäckebrot. Das machte überhaupt nicht satt.

Donnerstags war Reistag zum Entschlacken. Was sollte da noch entschlacken? Sie aß doch kaum etwas.

Freitags gab es gedünsteten Fisch, mit einem Pellkartöffelchen.

Samstags war wieder Obsttag.

Sonntags gab es gedünstetes Hühnerfleisch mit Reis und Gemüse. Das war immerhin ein kleiner Lichtblick, aber montags ging es wieder von vorne los. Zunächst purzelten ja die Pfunde, doch nun gab es einen Stillstand und Ellen war genervt. Immer dieser Hunger – und wozu das Ganze? Nur, damit so ein oller alter Rock wieder passt?

Ellen lief zum Kühlschrank, holte sich eine Tafel Schokolade heraus und biss genüsslich hinein. Mmh, wie das schmeckte! Süß und lecker nach Kakao. Sie schloss sogar die Augen dabei.

Plötzlich stand Erik hinter ihr. „Na Ellen, schmeckt es?", fragte er grinsend. „Kein schlechtes Gewissen?"

„Nein", sagte Ellen energisch. Sie biss gleich noch einmal in die Tafel und meinte schmatzend: „Schokolade macht doch glücklich. Und das bin ich gerade."

Erik schaute sie verständnisvoll an und sagte: „Dann beiß gleich noch einmal hinein, denn glücklich bist du mir viel lieber. Deine kleinen Polster gefallen mir, also bleib lieber so, wie du bist."

Ellen strahlte und rief: „Danke Erik. Schluss mit der Diät! Ich kaufe mir lieber einen neuen Rock." Dann tanzte sie übermütig durch die Küche. Natürlich mit Schokolade.

Aus: Ulrike Strätling, Omas Kuchen ist der beste. Geschichten zum Vorlesen für Demenzkranke.

11 A.a.O.
12 A.a.O.

24.2 Wo sind die Kekse? (A, B, C)

Von Ulrike Strätling. Oma Hilde freute sich auf den kommenden Samstag. An diesem Tag würde ihre Enkelin zu Besuch kommen und den ganzen Tag bleiben. Da gab es allerlei vorzubereiten.

Schon am Donnerstag ging Oma Hilde einkaufen. Sie besorgte alles, was man für ein achtjähriges Mädchen braucht: Saft und ein paar Süßigkeiten, Obst und Gemüse und eine Puppe als Überraschungsgeschenk.

Am Freitag backte Oma Hilde Kekse. Opa Paul schaute ihr dabei zu. Vielleicht spekulierte er darauf, etwas vom Teig zu naschen. Doch Oma Hilde passte mächtig auf und gab ihm etwas auf die Finger, wenn er zu nahe kam. Mit viel Liebe stach Oma Hilde Tierfiguren aus: Hasen und Bären, Fische und Vögel. Die kamen dann auf einem Blech in den heißen Backofen.

Mmh, wie das duftete! Der Opa leckte sich die Lippen. Als die Kekse fertig gebacken und abgekühlt waren, verzierte Oma Hilde sie mit Zuckerguss und Schokolade.

„Darf ich mal probieren?", fragte Opa Paul.

„Ja, aber nur einen", antwortete Hilde. Sie packte alle Kekse in eine Dose und überlegte, wo sie die Dose am besten verstecken könnte. Schließlich sollte die kleine Sabine noch welche mitbekommen. Wo war die Dose sicher vor Opa Paul?

Im Küchenschrank? Nein, lieber nicht. Wenn Opa Paul einen Teller wollte, dann sah er die Dose. Im Wohnzimmerschrank? Besser nicht. In der Waschmaschine? Lieber nicht. Im Besenschrank. Nein, da gab es Spinnen!

Schließlich versteckte Oma Hilde die Dose im Schlafzimmerschrank unter der Bettwäsche. Da würde Opa Paul sicherlich nicht hineingucken. Sie schloss den Schlafzimmerschrank und war zufrieden.

Am Freitagabend gestaltete Hilde das Wohnzimmer um. Sie deckte den Tisch mit Gläsern und Saft, mit Süßigkeiten und Obst. Auf den Fußboden legte sie eine Spieldecke und setzte die neue Puppe darauf. So, alles fertig!

Am Samstagvormittag kam Sabine. Sie war gerne bei den Großeltern. Es war immer so gemütlich, und es gab Überraschungen. Schon beim Hereinkommen fragte Sabine: „Oma, hast du auch Kekse gebacken?"

„Ja, Sabinchen, ich muss sie nur noch schnell holen", meinte Oma Hilde.

Sie schaute in den Küchenschrank. Ach nein, da war die Dose ja gar nicht. Sie schaute in die Waschmaschine. Da war sie auch nicht. Wo hatte sie nur die Dose versteckt? Dann sah sie in der Besenkammer nach und im Wohnzimmerschrank. Aber da war auch nichts. Verflixt, wo waren nur die Kekse?

Hilde fragte: „Opa, hast du die Keksdose gesehen?"

„Nein, die hast du doch vor mir versteckt. Nun such mal schön, und beeil dich, wir haben Hunger", knurrte der Opa.

Hilde überlegte. Wo habe ich nur die Dose versteckt?

Aus: Ulrike Strätling, Omas Kuchen ist der beste. Geschichten Brunnen Verlag Gießen.

24.3 Tischsitten (A, B, C)

Von Ulrike Strätling. Der kleine Jens war gerne bei seinen Großeltern zu Besuch. Opa Heini spielte mit ihm „Mensch ärgere dich nicht" oder las ihm spannende Geschichten vor. Oma Anni backte Kuchen, und den gab es dann nachmittags am Küchentisch, mit leckerem Kakao. Und genau an demselben, begann Opa Heini dann jedes Mal mit seinen Belehrungen. Kaum saß der kleine Jens, so hörte er auch schon den Opa sagen: „Sitz gerade, Junge."

So auch an einem Sonntagnachmittag im August. Es war ein schöner warmer Sommer und Oma Anni hatte etwas Erfrischendes gebacken. Es war 15 Uhr und 30 Minuten, als die drei Platz nahmen.

Opa Heini sagte: „Sitz gerade, Junge, sonst bekommst du später einen Buckel."

Jens setzte sich so aufrecht, wie es nur ging, damit er endlich anfangen konnte. Jens trank einen Schluck Kakao und Opa Heini sagte: „Nicht schlürfen, mein Junge, sonst bekommst du Luft in den Bauch."

„Ja, Opa", sagte Jens höflich.

Opa Heini sagte: „Und die Hände liegen beide auf dem Tisch, neben dem Teller."

„Ja, Opa", meinte Jens und legte beide Hände auf den Tisch.

Opa Heini sagte: „Nicht schmatzen, mein Junge, das gehört sich nicht."

„Nein, Opa. Kann ich endlich essen?"

Opa Heini meinte: „Binde dir die Serviette um, damit du dich nicht bekleckerst." Auch das tat Jens.

Oma Anni mischte sich ein und sagte: „Nun lass den Jungen doch endlich essen, er muss doch schon gleich wieder nach Hause."

Opa Heini sagte: „Er muss Tischsitten lernen, sonst kann er sich später in Gesellschaft nicht richtig benehmen."

Jens sagte: „Opa, ich habe Hunger."

Inzwischen zeigte die Küchenuhr 16 Uhr an.

Opa Heini sagte energisch: „Du sitzt schon wieder krumm. Sitz gerade, so wie es sich gehört."

Jens nahm eine Gabel voll Kuchen. Doch noch bevor er den Kuchen im Mund hatte, rief Opa Heini: „Halt! Man führt die Gabel zum Mund, nicht den Mund zur Gabel. Warte, ich mache es dir vor."

Opa Heini beobachtete Jens genau. Er ließ ihn nicht aus den Augen. Doch plötzlich stand er auf und kam kurze Zeit später mit einem Besenstiel zurück.

Verdutzt fragte Oma Anni: „Was hast du vor, Heini?"

„Den bekommt Jens jetzt in den Rücken, unter den Pullover. Dann sitzt er gerade", sagte Opa Heini und machte sich an Jens zu schaffen. Inzwischen war es 16 Uhr und 15 Minuten.

Jens stand auf. „Ich muss nach Hause, Opa. Du kannst meinen Kuchen essen, aber sitz gerade dabei, schmatz nicht, schlürf nicht und führ die Gabel zum Mund. Und außerdem steht man nicht einfach vom Tisch auf und läuft weg, um einen Besenstiel zu holen. Ach ja, und vergiss die Serviette nicht, falls du kleckerst." Dann war er fort.

Opa Heini hatte keinen Appetit mehr. Er hatte nur noch ein schlechtes Gewissen.

Aus: Ulrike Strätling, Als die Kaffeemühle streikte. Geschichten zum Vorlesen für Demenzkranke.

24.4 Ein Eisbär für Emma (A, B, C)

Von Ulrike Strätling. Meine Enkelin heißt Emma, und sie ist letzte Woche fünf Jahre alt geworden. Zu ihrem Geburtstag wünschte Emma sich von mir ein Stofftier. Nicht *irgendein* Stofftier, sondern einen Eisbären, der genauso süß aussah wie der Knut im Berliner Zoo. Also kaufte ich -einen schönen weißen Eisbären. Zu Hause platzierte ich ihn auf meinem Sofa und war sehr stolz, ein so schönes Stofftier bekommen zu haben. Ganz billig war der Eisbär auch nicht gewesen. Ich wollte ihn hübsch einpacken und mit einer Schleife verzieren.

Doch erst öffnete ich die Terrassentür, um die warme Frühlingsluft hereinzulassen. Sofort stürmte mein Hund Toby übermütig hinaus und sauste in den Garten. Dann kam er wieder zurückgeflitzt und rannte gleich wieder hinaus. Das macht er immer so. Rennen ist -Tobys Lieblingsbeschäftigung.

Ich ging in die Küche, um Geschenkpapier zu holen. Mit einem bunten Bogen und rotem Schleifenband kam ich wieder zurück. Doch wo war der Eisbär? Er saß nicht mehr auf dem Sofa! „Mensch, Erna", sagte ich zu mir selber, „haste ihn vielleicht woanders hingelegt, oder biste schon schusselig?"

Ich überlegte. Außer meinem Hund war doch niemand in der Wohnung. Ich suchte in allen Winkeln und Ritzen, schaute unter dem Bett und sogar im Kühlschrank nach. Fassungslos setzte ich mich schließlich auf die Terrasse und blickte in den Garten. Die ersten Frühlingsblumen blühten und der Blütenduft stieg mir in die Nase.

Plötzlich sah ich auf einem Beet einen frischen Erdhügel. Nanu, sollte da ein Maulwurf sein Unwesen treiben? Und wieso lag mein Hund daneben? Mir schwante nichts Gutes.

„Toby", rief ich mahnend. „Du hast doch nicht etwa den Eisbären verbuddelt?" Entsetzt stürzte ich zu dem Beet und begann mit meinen Händen zu graben. Toby, meinem Hund, gefiel das gar nicht. Er bellte, was das Zeug hielt.

Nach zwei Minuten hatte ich den Eisbären ausge-graben. Aber fragen Sie nicht, wie er aussah: Aus dem Eisbären war ein Braunbär geworden, denn er war völlig verdreckt. Ich hielt ihn meinem Hund unter die Nase und schimpfte: „Zur Strafe bekommst du heute kein Leckerchen."

Der Eisbär kam gleich in die Waschmaschine. So konnte ich ihn erst am nächsten Tag als Geschenk einpacken. Ich glaube, Emma hat nichts gemerkt. Der Eisbär war ihr schönstes Geburtstagsgeschenk.

Aus: Ulrike Strätling, Als die Kaffeemühle streikte. Geschichten zum Vorlesen für Demenzkranke.

24.5 Im Wartezimmer (A, B, C)

Von Ulrike Strätling. Es war sieben Uhr am Morgen, als Herr Zwiebel aufwachte. Er reckte und streckte sich ausgiebig und setzte sich dann auf den Bettrand. Herr Zwiebel schaute lustlos umher und seufzte. Er seufzte tief und herzzer-reißend. Dann murmelte er: „Ach, wie war das schön, als ich noch zur Arbeit gehen konnte."

Herr Zwiebel war seit sechs Wochen im Ruhestand. Und genau das gefiel ihm überhaupt nicht. Es plagte ihn die Langeweile. Missmutig schlurfte er zum Fenster und sah hinaus. Der Himmel war bewölkt, doch Regen schien es heute nicht zu geben.

„Was soll ich bloß machen?", stöhnte er. Herr Zwiebel lebte allein, er war schon lange verwitwet. „Ich brauche Zerstreuung, etwas Abwechslung, sonst versauere ich in meinen vier Wänden", klagte er.

Als er später bei einer duftenden Tasse Kaffee saß, kam ihm eine Idee. „Ich weiß, was ich mache: Ich gehe zum Arzt. Im Wartezimmer ist immer viel los. Da werde ich Unterhaltung haben, mehr als genug", sagte er und freute sich.

Um Punkt zehn Uhr am Vormittag machte er sich auf den Weg. Während er mit flotten Schritten lief, betete er im Stillen: „Lieber Gott, lass das Wartezimmer proppenvoll sein, damit ich recht lange dort sitzen kann."

Tatsächlich saßen viele, viele Patienten im Wartezimmer. Herr Zwiebel meldete sich bei der Arzthelferin an. Dann nahm er erwartungsvoll auf dem letzten freien Stuhl Platz. Alle stöhnten, weil es so voll war – Herr Zwiebel nicht. Jeder wollte gern als Nächster aufgerufen werden – Herr Zwiebel nicht. Alle wollten möglichst schnell wieder nach Hause – Herr Zwiebel nicht. Er genoss den Geruch von Desinfektionsmittel. Er lauschte auf alle Geräusche im Hintergrund und hörte den Leuten zu, die sich gerade unterhielten.

Neben Herrn Zwiebel saß eine Dame. Auch sie schaute recht interessiert in die Runde. Herr Zwiebel überlegte kurz, dann sprach er sie an. „Ganz schön voll heute. Da müssen wir sicher lange warten."

„Ja", meinte die Dame, „aber das macht mir nichts aus. Ich warte gern, denn ich habe viel Zeit."

Herr Zwiebel staunte. Dann meinte er: „Die Wievielte sind Sie denn?"

„Ich kam unmittelbar vor Ihnen. Ich muss also noch fast so lange warten wie Sie. Aber ich habe sowieso nichts Besseres vor", sagte die Dame und seufzte.

Herr Zwiebel freute sich darüber und sagte: „Genau wie ich. Ich habe auch viel Zeit."

Die Dame sah ihn freundlich an. Dann fragte sie: „Was fehlt Ihnen denn?"

„Ach, nichts Besonderes", sagte Herr Zwiebel verlegen. „Und was führt *Sie* zum Arzt?"

„Die Langeweile", antwortete die Dame lächelnd.

Herr Zwiebel musste laut lachen. Alle schauten ihn an. Etwas leiser sagte er dann: „Das gibt es doch nicht. Genau wie bei mir. Ich habe auch Langeweile."

Die Dame schmunzelte und zwinkerte ihm zu. Das spornte Herrn Zwiebel an zu sagen: „Wissen Sie was, ich habe eine Idee. Ich weiß etwas Besseres, als hier zu sitzen."

„Und was schlagen Sie vor?"

„Ganz einfach: Wir gehen Kaffee trinken. Um die Ecke gibt es ein nettes Café und dort machen wir es uns gemütlich", schlug Herr Zwiebel vor.

„Eine gute Idee", meinte die Dame.

Keine zwei Minuten später verließen Herr Zwiebel und die Dame das Wartezimmer. Um elf Uhr saßen sie gemütlich im Café und ließen sich ein zweites Frühstück schmecken. Und da sie sich noch so viel zu erzählen hatten, verabredeten sie sich gleich wieder für den nächsten Tag.

Aus: Ulrike Strätling, So ein schöner Tag. Vorlesegeschichten für Menschen mit Demenz.

24.6 Eine gute Hausfrau (A)

Von Rose Götte. Lotte Lehmann lebte seit dem Tod ihres Mannes allein in ihrem Häuschen. Es war eigentlich zu groß für nur eine Person, aber sie lebte gern dort und hatte auch ihre Arbeit mit der Pflege des kleinen Gartens und dem peniblen Sauberhalten der Wohnung. Denn Lotte Lehmann war eine gute Hausfrau.

Von Zeit zu Zeit fuhr sie zu ihrer Tochter, die mit Mann und zwei Kindern in Berlin lebte. Dorthin musste sie zwar eine lange Zugfahrt in Kauf nehmen, aber sie war immer willkommen. Und das nicht nur, weil Berge von ungebügelten Hemden auf sie warteten, auch nicht nur, weil sie Dampfnudeln mit Karamell- oder Salzkruste für die Enkel zubereiten konnte, sondern einfach, weil sie eine bescheidene und freundliche Frau war, die immer sah, wo es fehlte, und jedem gern zur Hand ging.

Auch jetzt war Frau Lehmann gerade wieder in Berlin. Tochter und Schwiegersohn waren auf der Arbeit, die Enkel in der Schule. Oma holte auf dem Balkon die Wäsche von der Leine, um sie zu bügeln und zu falten. Als sie eine Jeanshose ihres Enkels in die Hand bekam, stockte ihr fast der Atem: am rechten Hosenbein ein Loch nach dem anderen!

Du liebe Güte, wie hat er das bloß angestellt, dachte sie, die Zeiten sind doch vorbei, als er auf jede Mauer klettern und über jeden Zaun springen musste! Ob da ein Kampf stattgefunden hat? Ob womöglich einer mit einem Messer auf ihn losgegangen ist? Ganz heiß wurde ihr bei dem Gedanken, was wohl passiert sein konnte.

Die Hose machte insgesamt einen stabilen, fast neuen Eindruck, war also zum Wegwerfen viel zu schade. Oma wusste, wo die Kiste mit dem Nähzeug der Tochter stand. Und darin fand sie tatsächlich ein Stück Jeansstoff in genau der richtigen Farbe. Loch für Loch unterlegte Oma die offenen Stellen mit dem Stoff und nähte alles mit ganz feinen Stichen an. Stundenlang saß sie nach vorn gebeugt am Fenster und nähte, obwohl ihr längst die Finger wehtaten. Endlich war das letzte Loch geflickt. Sie bügelte alles glatt und besah sich stolz ihr Werk. Da hatte sie wirklich gute Arbeit geleistet.

Darüber wird sich mein Enkel aber freuen, dachte sie und begab sich mit der Hose in sein Zimmer. Das Bett war zerwühlt, viele Kleidungsstücke lagen auf dem Fußboden. Seufzend hob sie die Sachen auf, legte sie auf einen Stuhl, machte das Bett und legte die reparierte Hose dekorativ auf die glatt gezogene Bettdecke.

Es dauerte nicht lange, da kam der Enkel aus der Schule. „Hallo, Oma!", rief er fröhlich und verschwand in seinem Zimmer. Kaum hatte er die Tür hinter sich geschlossen, hörte Frau Lehmann einen Schrei. Die Tür wurde aufgerissen und der Enkel pflanzte sich vor ihr auf, die Jeans in der Hand.

„Oma, was hast du mit meinen neuen Jeans gemacht!", schrie er.

„Ich habe sie repariert. Besser ging es nicht bei den großen Löchern!", verteidigte sich Frau Lehmann. „Ich dachte, du freust dich."

„Meine Jeans!", jammerte der Enkel. „Ich habe mein ganzes Geburtstagsgeld dafür ausgegeben und jetzt kann ich sie wegwerfen. So ein Mist!"

„Aber die Löcher sind doch zu, man sieht sie doch kaum noch", wandte die Oma eingeschüchtert ein.

„Die Löcher gehörten doch dazu!", kreischte der Enkel wütend. „Das ist doch gerade das Coole! Du hast die ganze Hose versaut! Jetzt kann ich sie wegwerfen! Verdammt, warum musst du dich in alles einmischen, was dich gar nichts angeht? Lass doch die Finger von meinen Sachen!" Der Enkel konnte gar nicht aufhören zu schimpfen.

Jetzt riss aber auch bei Frau Lehmann der Geduldsfaden. „Ich habe es nur gut gemeint. Aber wenn die Hose Löcher haben muss, kriegen wir das schnell wieder hin", sagte sie, riss dem Enkel die Hose aus der Hand, griff nach der Schere, die noch auf dem Tisch lag, und schnitt kreuz und quer in das mühsam reparierte Hosenbein hinein.

Ob der Enkel diese Hose jemals wieder angezogen hat oder ob ihm die Oma das Geld für eine neue -Löcher-Hose schenkte, wissen wir nicht. Aber am nächsten Tag wurde Frau Lehmann bei einem Rundgang in einem der Berliner Museen gesehen. Und auf dem Nähkasten der Tochter sammelte sich Staub.

Die Oma hatte sich nämlich ein Spiel mit den beiden Enkeln ausgedacht, das jetzt ihre Zeit in Anspruch nahm. Das Spiel hieß: „Ich zeig dir was, das du nicht kennst: Enkelwörter gegen Omawörter". Zugegeben, sie hatte zuerst mit ein bisschen Taschengeld locken müssen, um die Enkel zum Mitmachen zu bewegen: 20 Cent für jeden Tausch! Aber inzwischen machte das Spiel so viel Spaß, dass es auf die Prämie gar nicht mehr ankam.

Facebook gegen Tagebuch, der neueste Hit aus dem PC gegen den ältesten Choral aus dem Gesangbuch, chillen gegen wichteln, Tablet gegen Poesiealbum, Penthouse gegen Luftschutzkeller, Handy gegen Wählscheibe, Manga-Comics gegen „Vater und Sohn", ätzend gegen ermüdend, Tacker gegen Hexenstich, cool gegen …

Aus: Rose Götte (Hrsg.), Das Sonntagskind. Geschichten zum Vorlesen fürs ganze Jahr.

24.7 Ein Hund aus Brasilien (A)

Von Renate Maria Lupert. Als Mitarbeiterin einer Organisation, die sich um kranke Menschen in abgelegenen Dörfern kümmert, kam ich auf einer holperigen Sandpiste im Nordosten Brasiliens in ein kleines Dorf. Dort begegnete mir die etwa fünfjährige Tochter eines Fischers, die nicht sprechen konnte. Nachdem ich die Mutter befragt hatte, was dem Kind fehle, erklärte sie mir, das Mädchen könne nicht hören und habe deshalb auch nicht sprechen gelernt.

Auf meine Frage, was denn der Arzt dazu meine, antwortete sie: „Ah, wir waren noch nie bei einem Arzt mit ihr, sie ist ja nicht krank. Ich weiß auch gar nicht, wie ich dort hinkommen soll."

Zwei Wochen später kam ich wieder in das kleine Dorf und konnte ankündigen, dass Mutter und Tochter einen Termin in einer Gehörlosenklinik bekommen hatten, wohin ich sie am festgelegten Tag bringen würde. Vielleicht war Hilfe möglich.

Nun wollte sich der Vater bei mir bedanken. Aber – es war ja eine ganz einfache, arme Fischerfamilie, die von dem bisschen Fischfang und dem angebauten Gemüse hinter ihrer Baracke lebte. Es war absolut nichts da, was man mir hätte schenken können. Verlegen stand der Mann vor seiner Hütte und schaute zwei kleinen wuscheligen Hundebabys zu, die sich zwischen ein paar Katzen im Sand wälzten.

„Ach, sind die süß", war mein Kommentar, als mein Blick auf die beiden übereinander purzelnden Hundebabys fiel. Der Fischer, der mich beobachtet hatte, reagierte sofort: „Welchen findest du schöner?"

„Oh, die sind doch beide gleich niedlich", meinte ich, ohne auch nur zu ahnen, was er vorhatte. Denn er beugte sich hinunter, hob eines der Hundebabys hoch und legte es mir in den Arm. Ich schaute ihn ratlos an, aber er meinte nur: „Das ist jetzt deiner!"

Vergeblich versuchte ich ihm klarzumachen, dass ich in einem Hotel wohne, dass ich bald nach Deutschland zurückmüsse und absolut keinen Hund mitnehmen könne, dass es außerdem in Deutschland viel zu kalt sei für einen brasilianischen Hund … Der Fischer lächelte nur und wiederholte: „E teu!" (Auf Deutsch: Das ist deiner!)

Nun stand ich also da, hatte den winzigen Hund immer noch auf dem Arm und wusste nicht, was ich machen sollte. Ich setzte ihn ab, aber der Fischer hob ihn sofort wieder hoch und legte ihn in meinen Arm zurück.

Inzwischen hatte ich feststellen müssen, dass der kleine Hund nicht ganz alleine war, denn auf meinem Arm krabbelte nun jede Menge Ungeziefer: Läuse, Flöhe, Zecken und was weiß ich noch alles. Und ganz dicht war dieses Hundekind auch noch nicht, denn es tröpfelte von meinem Arm herunter.

Die Fischerfrau hatte schon einen alten Karton organisiert. Ich legte eine Zeitung hinein und mit dem leise jammernden Hündchen im Karton auf dem Rücksitz machte ich mich schließlich doch auf den langen Weg zurück in die Stadt. Alle meine Bekannten ließ ich vor meinem inneren Auge vorbeispazieren: Wer wäre bereit, ein Hundebaby aufzunehmen und gut zu versorgen?

Als Erstes rief ich beim nächsten Halt die deutsche Konsulin an, die ich kannte, und sie verschaffte mir einen Termin bei einer Tierärztin. Diese badete, entwurmte und befreite meinen vierbeinigen Fahrgast, der eine Hündin war, von seinem Ungeziefer, was das kleine Hundemädchen allerdings nur unter lautem Protest über sich ergehen ließ.

Aber wie nun mit dem Hund ins Hotel gelangen? Schließlich sind in ganz Brasilien Hunde in Hotels und öffentlichen Gebäuden nicht erlaubt, und auch in meinem Hotel prangte ein großes Schild: HUNDE VERBOTEN!

Ich setzte also mein Hundemädchen vorsichtig in einen kleinen Rucksack, flüsterte ihr zu, sie solle bloß die Schnauze halten, und eilte mit ihr an der -Rezeption vorbei in mein Zimmer, wo ich sie befreite und mich erschöpft auf mein Bett fallen ließ. Nun -telefonierte ich mit einer hilfsbereiten Freundin, die im Supermarkt Hundefutter, Hundeleine und eine Plastikwanne besorgte. Dankbar nahm ich alles in Empfang.

Nach einer kurzen Ruhepause, Hund wieder im Rucksack, machte ich mich auf den Weg zum Strand, wo ich den kleinen Kerl erst einmal laufen lassen konnte. Er dachte gar nicht daran, das Weite zu suchen, sondern rannte nur wenige Meter von mir weg, um sofort wieder zurückzukehren. Dann füllte ich eine große Einkaufstüte mit Sand, den ich auf dem Balkon meines Hotelzimmers in die Plastikwanne schüttete – als Notklo für meinen kleinen Zimmergenossen.

Inzwischen hatte ich auch schon eine Idee, wo ich den Hund hinbringen konnte: Am nächsten Tag war ich nämlich zum Geburtstag eines siebenjährigen Jungen eingeladen, der mit seiner Mutter und den Geschwistern in einem kleinen Haus mit Blechdach wohnte. Ihm wollte ich den Hund zum Geburtstag schenken.

Als wir ankamen, war das Fest schon in vollem Gange. Viele Kinder rannten und hüpften kreischend durch das kleine Wohnzimmer. Ich setzte meinen kleinen Vierbeiner in eine Ecke des Zimmers, wo er völlig verängstigt und ohne sich zu rühren sitzen blieb. Als dann aber das Geburtstagskind ihm versehentlich gleich zweimal auf seine kleinen Pfoten trat und ein anderer Junge ihn mit seinem Fuß grob umstieß, fing er jämmerlich an zu klagen. Mir war klar: Hier konnte ich meinen Schützling nicht zurücklassen.

Und so kam es, dass ich mein Geschenk, den schwarz-weißen Wuschelhund, gerade noch rechtzeitig vor der geplanten Übergabe gegen ein Spielzeug, das ich zufällig dabeihatte, austauschen konnte. Der Wuschelhund kehrte mit mir im Auto zurück.

Inzwischen hatte die Anhänglichkeit des Hundes meine feste Überzeugung, dass es ganz unmöglich sei, den Hund mit nach Deutschland zu nehmen, schon etwas angekratzt, und ich machte mir tatsächlich Gedanken, wie ich die kommenden vier Wochen mit Hund in einem Hotel verbringen könnte, wo Hunde verboten sind. Ich ertappte mich dabei, im Internet zu erkunden, was ein Hundeticket nach Deutschland kosten würde und welche Dokumente ich besorgen müsste.

Das war nun tatsächlich eine schwierige Situation: Ich hatte ja tagsüber zu arbeiten. Mal konnte ich mein Hundekind mitnehmen, mal musste ich es im Hotel lassen bis es Zeit war für den Spaziergang am Strand. Aber immer musste ich an der Rezeption vorbei.

Nach einigen Tagen lächelte die Dame an der Rezeption mich von unten herauf sauersüß an und fragte: „Wie heißt denn der kleine Hund?" Mein Zimmergenosse hatte sich nämlich nicht immer an meine strikte Anweisung gehalten, sich im Hotel nicht zu mucksen, sondern bellte manchmal fröhlich vor sich hin.

Der unwiderstehliche Charme der kleinen Hundedame und reichliche Trinkgelder bewirkten schließlich, dass weder ich noch der Hund das Hotel verlassen musste. Im Gegenteil, der kleine Vierbeiner wurde der Liebling des Hauses. Jeder wollte ihn streicheln oder auf den Arm nehmen. Und eines Morgens kamen die Zimmermädchen und sagten, sie hätten einen passenden Namen für meinen Vierbeiner gefunden: „Chiquita", was auf Deutsch „Kleines Mädchen" heißt.

Chiquita nahm diesen Namen sofort an, selbst im Schlaf reagierte sie, wenn ich leise ihren Namen rief. Ihr ahnt es schon: Ich konnte mich von Chiquita nicht mehr trennen und besorgte alle Papiere, die man für eine Reise nach Europa braucht, obwohl ich alle meine Ersparnisse aufwenden musste.

Inzwischen sind wir wieder in Deutschland und Chiquita ist schon lange kein kleines Mädchen mehr, sondern hat sich zu einer rundlichen, selbstbewussten, klugen Hundedame entwickelt, die fast alles versteht, was man zu ihr sagt. Aber für mich bleibt sie ihr Leben lang meine Chiquita, mein kleines Mädchen aus Brasilien.

Aus: Rose Götte (Hrsg.), Das Sonntagskind. Geschichten zum Vorlesen fürs ganze Jahr.

24.8 Acht Kurzgeschichten von Paul und Paula[13]

Anna Marita Engel

Du, Paul …

Paul und Paula hatten sich vor 50 Jahren auf dem großen Kirmesplatz kennen und lieben gelernt. Alle Freunde und Bekannten fanden es damals sehr lustig, dass sich zwei gefunden hatten, deren Namen fast gleich waren. Und die Ehe der beiden war eine gute Ehe.

Heute fragte Paula: „Du, Paul, hast du eigentlich schon die Straße gekehrt? Heute ist Samstag. Und Paul, pass auf, dass dir der Dreckeimer nicht wieder umkippt, wie beim letzten Mal. Der Wind hatte den Staub bis in die Küche getragen! Und dort hat er sich auf die Schnitzel gelegt, die ich gerade geklopft hatte. Auf deins hat er sich am dicksten gelegt. Passt du gut auf, alter Schussel?"

13 Originalbeitrag von Anna Marita Engel für dieses Buch.

„Ja, klar doch, Paula", rief Paul, „ich passe gut auf! Ich habe noch nicht gekehrt, aber gleich lege ich los. Ich wollte lieber abwarten, bis du deine dreckigen Bemerkungen hast fallen lassen! Dann kann ich sie gleich mit aufkehren."

Paul holte lachend den Besen aus dem Keller und Paula murmelte: „Er ist und bleibt ein alter, lieber Lümmel, mein Paul."

Du, Paula …

Paul und Paula waren um neun Uhr mit dem Bus in die Stadt gefahren. Paul wollte neue Batterien in seine Uhr einsetzen und beim Schuh-Schnelldienst neue Absätze auf seine braunen Lederschuhe machen lassen. Auf diese Schuhe war er stolz wie Oskar. Die hatte er schon zwanzig Jahre. Das war noch gute Handwerksarbeit.

„Du, Paula", hatte er gesagt, „du wolltest doch dieser Tage unbedingt zum Frisör. Das könntest du ja vielleicht machen, während ich meine verschiedenen Dinge erledige, oder?"

Paula war einverstanden und sie waren gut gelaunt in den Bus gestiegen. Später wollten sich beide im Gasthaus „Zum alten Fritz" zum Mittagessen wieder treffen.

Beim Frisör musste Paula auch gar nicht lange warten. Die nette Frisörin machte ihr viele Vorschläge für eine neue Frisur. „Immer das Gleiche, das ist doch langweilig. Heute trägt man das Haar pfiffig, hier links ein bisschen kürzer als rechts und ein bisschen Gel ins Haar geknetet, das macht um Jahre jünger." Also sagte Paula „Ja" und ließ sich verjüngen!

Als sie beim „Alten Fritz" eintrat, saß Paul schon bei einem kühlen Bier. Er sah Paula staunend an. „Oohh, Paula, das tut mir aber leid. Du bist wohl gar nicht drangekommen? Und die Haare stehen dir zu Berge. Ist es so stark windig draußen?" Paula setzte sich und sagte nur: „Paul, ich brauche dringend einen Schnaps!"

Du, Paul …

Als Paul und Paula noch Auto fuhren, ging's manchmal ab ins Grüne. Paula liebte es, gemütlich über Land zu fahren und anzuhalten, wo es ihnen gefiel.

„Du, Paul", hatte Paula einmal zu ihrem Paul gesagt, „ich würde heute fürchterlich gern an einen See fahren. Weißt du, wo einer liegt, Paul?" Paul hatte lachend geantwortet: „Wenn ihn keiner weggenommen hat, liegt einer 30 km von hier."

Also würden sie fahren. Aber vorher mussten sie noch tanken. Diesmal steuerte Paula den schwarzen Opel und fuhr an der Tankstelle vor: Erste Tanksäule von rechts. Sie tankte für 40 Euro, griff den Geldbeutel aus der Handtasche und ging raschen Schrittes in den Shop zur Kasse. Paul wartete im Auto auf dem Beifahrersitz.

Mittlerweile war ein weiteres schwarzes Auto vorgefahren: Zweite Tanksäule von rechts. Paula kam vom Bezahlen zurück, den Tankbeleg und das restliche Geld in der Hand. Schnurstracks steuerte sie auf das schwarze Auto an Zapfstelle zwei zu, öffnete die Fahrertür, drückte dem Mann auf der Beifahrerseite ihr Restgeld in die Hand und … wollte starten. Dann: Ein Aufschrei! „Huch!!!!!!" Sie saß im falschen Auto.

Sie nahm dem fremden Mann das Restgeld wieder weg, stieg mit hochrotem Kopf aus dem fremden Auto und wollte rüber zum eigenen Auto mit ihrem Paul drin.

Dabei stieß sie mit der Fahrerin des fremden Autos zusammen, die auch vom Bezahlen zurückgekommen war. „Entschuldigen Sie bitte", stotterte Paula, „ich habe nur Schwarz gesehen und dachte, Ihr Auto wäre mein Auto und ihr Mann wäre mein Mann, aber …, das kann ja nicht sein, oder heißt ihr Paul auch wie mein Paul? Mein Paul heißt nämlich schon immer Paul."

Dann ließ Paula die staunende Fremde stehen, flitzte nach rechts und stieg eilig ins eigene Auto, in dem sich ihr Paul vor Lachen krümmte.

Und beide lachten noch, als sie nach 30 Kilometern am See ankamen.

Du, Paula …

Paul und Paula sitzen oft am offenen Fenster und beobachten, was es alles Neues in der Straße gibt. Schauen sie nach links, können sie beobachten, wer alles als Patient zum praktischen Arzt kommt; schauen sie nach rechts, können sie beobachten, wer alles beim Bäcker rein- und rausgeht. Nur, was die Kunden gekauft haben, das können sie nicht erkennen.

Gerade als beide nach links schauten, fuhr ein Mercedes vor. Ein älterer Mann stieg aus und ging, gestützt auf einen Stock, in Richtung Arztpraxis.

„Du, Paula", sagte Paul, „ist das nicht der alte Herr Bender, der früher bei der Post war?"

„Ja", sagte Paula, „ich glaube, das ist der alte Herr Bender. Mensch, Paul, was der Mann noch so schönes, volles Haar hat. In dem Alter. Schneeweißes, volles Haar! Dagegen sind unsre Haare richtig grau."

Paul nickte zustimmend. „Ja, Paula, es ist ein Geschenk, in dem hohen Alter noch solch volles Haar zu haben. Und so schön weiß."

Schon nach fünf Minuten kam Herr Bender wieder zurück. Sicher hatte er nur ein Rezept abgeholt. Bevor er ins Auto einstieg, legte er seinen Krückstock auf den Rücksitz, nahm die schneeweiße Schirmmütze vom Kopf, stieg ein und fuhr los. Seine geölte Vollglatze glänzte im Sonnenlicht.

Nächste Woche wollen Paul und Paula mal zum Augenarzt.

Du, Paul …

Manchmal erzählen sich Paul und Paula aus ihrer Jugendzeit. So vieles hatte sich ja verändert. Früher, als sie noch Kinder waren, konnte man auf der Straße sogar Völkerball spielen. Nur ganz, ganz selten fuhr mal ein Auto vorbei.

In der Stadt war es natürlich ein wenig anders. Da gab es schon eher Gefahren im Straßenverkehr. Paul war schon recht früh zu Hause ausgezogen. Er wohnte drei Jahre lang mitten in der Stadt. Paul wollte sich gesund halten und Sport machen, deshalb fuhr er auch dort die meisten Wege mit dem Fahrrad.

„Du, Paul", fragte Paula, „als du zuhause ausgezogen warst und wegen der Gesundheit Fahrrad gefahren bist, hast du dich da eigentlich auch schon gesund ernährt?"

„Auf jeden Fall", antwortete Paul, „damals gab's ja noch gar keine ‚Pommesbuden' und türkische Kebab-Imbisse, da musste ich mir noch alles selbst zubereiten. Ich habe viel Gesundes gegessen."

„Auch Grünzeug?", fragte Paula.

„Nein, natürlich nicht", meinte Paul, „alles, was Schimmel hatte, habe ich weggeschmissen, egal, ob er grau oder grün war."

Du, Paula …

Paul und Paula hatten ringsum Nachbarn, mit denen sie sich eigentlich immer gut verstanden hatten. Nur der olle Ewald Emsig war nicht ganz so auf ihrer Wellenlänge.

Ewald Emsig hatte einen nervtötenden Hund, der von morgens bis abends kläffte, und der Emsig kümmerte sich darum einen Dreck. Nur zwei-, dreimal im Sommer war Ewald Emsig samt Hund bei seiner Tochter im Schwarzwald. Dann war Ruhe in der Siedlung.

Einmal war Paul sehr krank und dachte, er müsste sterben.

„Du, Paula", sagte Paul beim Schlafengehn, „bring mir mal bitte Papier und Füller. Ich muss dem ollen Emsig schreiben, solange ich das noch kann. Wer weiß, ob ich morgen noch lebe."

Und dann schrieb er: „Sehr geehrter Herr Emsig, ich bin sehr krank. Da ich aber ein Christ bin und meine Paula auch eine Christin ist, will ich meine Seele von Groll befreien. Ich sage Ihnen folgendes: Sollte ich in nächster Zukunft sterben, will ich Ihnen Ihren Hund und das elende Gebell verzeihen. Wenn ich aber überlebe, wünschen wir Ihrem unerzogenen Köter, wie bisher, eine leichte bis mittelschwere Stimmbandentzündung, die ihm das Bellen austreibt."

Hochachtungsvoll

Paul und Paula

Paula schickte den Brief nicht ab. Sie kaufte für sich und Paul zwei Kopfhörer.

Du, Paula …

Paul und Paula waren letztens bei den Müllers, den neuen Nachbarn, zu einem Umtrunk eingeladen. Ganz schön viele Gäste waren da. Bestimmt zwanzig Personen, wenn nicht noch mehr.

Es gab Häppchen, kleine Brezeln, Wein und Sekt. Es war alles sehr vornehm.

Als Paul mit seiner Paula wieder zuhause war, blieb er in der Wohnzimmertür stehen und sagte:

„Du, Paula, wir können echt froh sein, dass wir so nette Nachbarn bekommen haben. Wirklich, wirklich …, sehr nette Leute. Ich glaube, dass wir uns gut mit ihnen verstehen werden. Nicht alle Menschen können von sich sagen, dass sie gute Nachbarn haben. Aber der Wohnung von Müllers fehlt etwas."

„Was denn?", fragte Paula.

„Der Wohnung von Müllers fehlt das Herzstück, die Seele, verstehst du, Paula?

Schau dort in die Ecke. Siehst du sie, die Seele unseres Hauses?"

Paul ging in Richtung seines alten, abgewetzten Sessels, zupfte die Wolldecke auf der Sitzfläche und Rückenlehne zurecht und versank genüsslich in seinem weichen, gemütlichen Lieblingsplatz.

„Siehst du, Paula", schwärmte er, „jetzt bin ich wieder zuhause."

Paula nickte nur glücklich und setzte sich ebenfalls hin, denn es gab neben Pauls Sessel noch so ein abgewetztes Möbelstück mit breiten Armlehnen, was den Müllers – nach Paul und Paulas Meinung – fehlte.

Du, Paul …

Paul und Paula saßen oft in ihren Lieblingssesseln. Paul las dann die Tageszeitung abends zum zweiten Mal und vertiefte das, was er am Morgen schon alles gelesen hatte. Paula strickte meist. Abnehmer für ihre Stricksachen gab es genug. Gerade strickte sie an einem Pulli für den kleinen Enkel Tom. Sie sah Paul über den Brillenrand an und fragte:

„Du, Paul, heute lächelst du dauernd so zufrieden. An was denkst du denn?"

„Paula, ob du's glaubst oder nicht, ich denke an nichts."

„Das gibt's nicht, Paul. Los, sag's mir."

„Na gut, dann sag ich's dir eben. Wir wissen ja beide, dass die Frauen, statistisch gesehen, eine längere Lebenserwartung haben als die Männer. Also könnte ich theoretisch vor dir sterben.

Da ich das aber nicht will, denke ich jetzt immer an einen Spruch, den ich in der Zeitung gelesen habe: Immer wenn ein Mensch lächelt, verlängert er sein Leben. Und deshalb lächle ich, denn ich will, dass ich so lange bei dir bin wie du lebst."

Paula legte versonnen ihr Strickzeug auf die Oberschenkel und sah glücklich lächelnd irgendwo hin.

„Paula", sagte Paul, „du darfst nicht genauso lange lächeln wie ich, sonst ist meine ganze Aufholjagd umsonst. Schau bitte so, als wären dir gerade 17 Maschen von der Stricknadel gefallen!"

Da lächelte Paula noch mehr. Auf die Statistik konnte sie in diesem Moment einfach keine Rücksicht nehmen.

„Na gut", dachte Paul, „dann lächle ich eben heute Abend, wenn Paula eingeschlafen ist, heimlich noch ein bisschen weiter."

Weihnachtsgeschichte

Rose Götte

(Diese Geschichte ist auch für die Angehörigen von Menschen mit Demenz gedacht, z.B. an einer Advents- oder Weihnachtsfeier)

„An Weihnachten kommen sie alle wieder zu uns", erzählte Eva jedem, der es hören wollte (oder auch nicht). Und manchmal sagte sie das mit einem Hauch von Seufzer, damit auch erkennbar war, wie viel Mühe und Arbeit sie für ein solches Fest zu opfern bereit war. Sohn Peter war fast fünfzig, die Tochter vierzig; beide waren verheiratet und hatten eigene Kinder. Aber schon immer wurde Hl. Abend hier bei Eva und Martin, den Großeltern, gefeiert. Schließlich hatte ja außer den beiden niemand eine so große Wohnung, in der alle Kinder und Enkel gleichzeitig untergebracht werden konnten.

Eifrig notierte Eva, welche Berge von Plätzchen sie ab dem 1. Advent backen und was sie alles dafür einkaufen wollte. Der eine mochte das Spritzgebäck besonders gern, der andere die Vanillebrötchen, der dritte die Rumkugeln – jeder sollte auf seine Kosten kommen.

Der 1. Advent stand vor der Tür. Eva steckte vier Kerzen in den großen Kranz, der an roten Bändern in der Diele hängen sollte. Das Telefon klingelte. Sebastian, ihr ältester Enkel, Peters Sohn, war am Apparat. „Sebastian, wie schön, dich zu hören! Wir haben ja schon so lange nichts mehr von dir gehört", freute sich Eva. Sebastians Stimme klang etwas belegt: „Oma, ich habe ein Problem. Die Eltern von meiner Freundin haben mich eingeladen, mit ihnen in den Schiurlaub zu fahren, deshalb kann ich an Weihnachten nicht zu dir kommen." „Das ist schade, aber ich kann es verstehen", sagte Eva tapfer. „Dann werden wir alle ganz fest an dich denken, wenn wir die Kerzen am Baum anzünden".

„Ja, aber da gibt es noch etwas", sagte Sebastian mit zögernder Stimme, „ich gebe dir mal den Papa".

„Hallo Mutter", meldete sich da der Sohn, „da Sebastian diesmal ohnehin an Weihnachten nicht da ist, habe ich für Michaela und mich eine Reise auf die Kanaren gebucht. Das hat sie sich schon so lange gewünscht. Leider haben wir nur noch einen Flug vom 20. bis 31.12. bekommen, wir sind also an Weihnachten diesmal auch nicht da. Hoffentlich bist Du uns nicht böse. Wir kommen stattdessen im Januar mal bei Euch vorbei, und Ihr habt sicher auch ohne uns ein schönes Fest mit den Anderen!"

Eva versagte die Stimme. „Ach so ist das", brachte sie schließlich heraus. „Da kann man nichts machen. Wir werden euch alle vermissen", und legte auf.

Währenddessen fand in der 70 km entfernten Stadt, in der Tochter Susanne mit ihrer Familie lebte, eine lautstarke Diskussion statt.

„Ich weiß nicht, warum du das nicht einsiehst", schimpfte Susannes Mann, „so viele Jahre haben wir brav mit den Kindern bei deinen Eltern Weihnachten gefeiert wie die das wünschten. Wir hatten überhaupt keine Chance, eine eigene Weihnachtstradition für uns aufzubauen. Du bist aber nicht mehr Evas kleines Susannchen, du bist selbst Mutter von drei Buben und ganz nebenbei noch meine Frau. Und ich möchte, dass wir Weihnachten endlich hier in unserer Wohnung feiern ohne Großfamilie."

„Das kann ich meinen Eltern nicht antun", jammerte Susanne, schließlich freut sich meine Mutter wochenlang auf das Fest mit allen Kindern und Enkeln!"

„Da kannst Du ja mit oder ohne Kinder zwischen Weihnachten und Neujahr hinfahren, und von mir aus auch ein paar Tage bleiben, aber Weihnachten bleiben wir hier. Basta."

„Ach nein!" entgegnete Susanne spitz, „und das bestimmst du allein?"

„Ich habe bereits mit den Jungen gesprochen, die wollen auch hierbleiben."

Susanne schnappte nach Luft: „Die sind doch immer so gern zu Oma und Opa gefahren. Die hast du geködert! Was hast du ihnen versprochen?"

„Tja", sagte ihr Mann und zuckte mit den Schultern. „So ist das nun mal. Ruf an und sag Bescheid."

Eva war gerade dabei, die gebackenen Plätzchen auf Dosen zu verteilen und murmelte: Wer soll das jetzt alles essen?

Da kam ihr Mann von seinem Spaziergang zurück. „Eva, ich muss dir was sagen. Susanne hat mich auf dem Handy angerufen. Sie will diesmal Hl. Abend in der eigenen Familie feiern, wir seien aber herzlich eingeladen, am 25. oder 26. zu ihnen zu kommen.

Jetzt konnte Eva aber die Tränen nicht mehr zurück halten." Peter und seine Familie kommen nicht, und nun sagst du, Susanne und ihre Familie kommt auch nicht? Was soll denn das für ein Weihnachten sein? Wie können sie uns das antun!", schluchzte sie.

Vergeblich versuchte Martin, seine Frau zu trösten. Auch an den nächsten Tagen änderte sich Evas trübe Stimmung nicht. Verbittert und enttäuscht warf sie die noch verbliebene Einkaufsliste in den Müll, zog die Betten ab, die sie aus lauter Vorfreude schon im November bezogen hatte, wollte von Weihnachten und Geschenken nichts mehr wissen. Auch auf den Christbaum wollte sie verzichten: „Paar Tannenzweige tun's auch."

Da hatte Martin eine Idee. Als Eva gerade einen Termin beim Arzt hatte, fuhr Peter zum Supermarkt und lud seinen Kofferraum voll mit Getränken und Lebensmitteln. Zuhause schaffte er alles in seine Werkstatt. So nannte er den Kellerraum, den Eva so gut wie nie betrat.

Der 24. Dezember war gekommen. Eva wollte gerade schweigend das Frühstücksgeschirr abräumen, als es klingelte. Der Briefträger? fragte sie. Martin sprang auf und ging zur Tür. Draußen standen zwei Männer, zwei Frauen und sechs oder sieben Kinder.

„Das sind zwei Flüchtlingsfamilien aus Afghanistan. Ich habe sie eingeladen. Die wollen mit Dir ein Essen kochen. Die Zutaten habe ich besorgt. Und nun zeigen wir mal, wie man in Deutschland Weihnachten feiert", sagte Martin zu seiner Frau, und bat die Gäste herein.

Und ob ihr es glaubt oder nicht: Es wurde das turbulenteste, fröhlichste, spannendste Weihnachtsfest, das Eva je gefeiert hat. Man verständigte sich mit Händen und Füßen; die anfängliche Scheu der Gäste verschwand, sowie sie etwas zu tun bekamen. Die Frauen schälten Kartoffeln und putzten das Gemüse, die Männer schleppten die Getränke aus dem Keller. Die Kinder stürzten sich auf die Spielsachen, die Martin heimlich bereitgestellt hatte und zeigten sich gegenseitig begeistert, was man damit machen konnte.

„Ich weiß nicht, was ich mehr bin: müde oder glücklich?", sagte Eva sehr spät am Abend, als sie die Nachttischlampe löschte und ihrem Mann einen langen Gute-Nacht-Kuss gab.

„Wie hingerissen der kleine Habib mit der alten Holzeisenbahn spielte. Meinst du nicht, wir sollten sie ihm schenken?" murmelte Martin in die Dunkelheit. Aber Eva war schon halb eingeschlafen und flüsterte: Kartof-fel-sa-lat: ihr erstes deutsches Wort! Morgen lernen wir weiter: Ich koche, du kochst, er, sie, es kocht…"

„Er kocht nicht!", brummte Martin.

„Abwarten!", lächelte Eva und fiel in einen tiefen, glücklichen Schlaf.

Literaturverzeichnis

Deutsche Alzheimer Gesellschaft e.V. (2007): Ratgeber: Häusliche Versorgung Demenzkranker (2007) Berlin

Evers, Magrit (1994): Geselligkeit mit Senioren. Weinheim und Basel. Beltz

Götte, Rose/Lackmann, Edith (1991): Alzheimer – was tun? Eine Familie lernt, mit der Krankheit zu leben. 2. Auflage. Weinheim und Basel. Beltz

Kollak, Ingrid (Hrsg.) (2016): Menschen mit Demenz durch Kunst und Kreativität aktivieren. Eine Anleitung für Pflege- und Betreuungspersonen. Berlin und Heidelberg. Springer

Leßmann, Sabina/Schneider, Wulpekula/Stangl, Kathrin (2015): Farben im Kopf. Mühlhein. Verlag an der Ruhr

Schachtner, Christel (1988): Störfall Alter. Für ein Recht auf Eigen-Sinn. Frankfurt/M. S. Fischer